La confesión

María Zambrano

La confesión

Género literio y método

Prólogo de Victoria Clemente Legaz

Alianza editorial
El libro de bolsillo

Esta edición reproduce la fijación del texto que hicieron María Luisa Maillard y Pedro Chacón en el Vol. II - Libros (1940-1950) de las OO.CC. de María Zambrano, 2016.

Primera edición: enero de 2026

Diseño de colección: Estrada Design
Diseño de cubierta: Manuel Estrada
Fotografía de cubierta: Javier Ayuso

© Fundación María Zambrano, 2016
© del prólogo: Victoria Clemente Legaz, 2026
© Alianza Editorial, S. A., Madrid, 2026
    Calle Valentín Beato, 21
    28037 Madrid
    www.alianzaeditorial.es

PAPEL DE FIBRA
CERTIFICADA

ISBN: 979-13-7009-118-7
Depósito legal: M-19852-2025
Printed in Spain

Índice

Prólogo
Confesar la vida

¿Es la confesión un método para la expresión total de la vida? ¿Podrá ser ese gesto frágil y arriesgado el que abra, todavía hoy, el corazón cerrado del ser humano? Preguntas que parecen venir de otro tiempo y que, sin embargo, también pertenecen al nuestro, señalan una experiencia universal: la dificultad de decirnos en verdad, de ofrecer la vida sin máscara y dejar que lo íntimo comparezca sin quedar reducido a doctrina.

A estas cuestiones responde María Zambrano (Vélez-Málaga, 1904 – Madrid, 1991), la filósofa española más decisiva del siglo XX, cuando escribe *La confesión: género literario y método*. Publicado en *Luminar* en los años cuarenta y recogido después en *Los Cuadernos del Congreso por la Libertad de la Cultura*

(1953)[1], este ensayo traza un cauce vivo por el que lo indecible encuentra palabra y lo relegado por la razón logra, al fin, manifestarse.

La confesión se enmarca en una trayectoria que Zambrano había abierto en sus escritos iniciales. Ya en 1928, en el artículo «Nosotros creemos», publicado en *El Liberal*, advertía que rehuir la propia vida equivalía a renunciar a aquello que nadie podría vivir por nosotros, y concluía: «Se trata, pues, de ser fiel a sí mismo, limpio espejo de la interior realidad»[2]. En esas palabras se anuncia ya la exigencia de fidelidad a lo íntimo, de una vida que se sostenga unificada en su verdad más honda. Pocos años más tarde, en 1932, escribía a Ortega y Gasset para confesarle su necesidad de «clarificarse»[3]. No se trataba de un mero empeño intelectual, sino de una exigencia vital de unidad. Esa necesidad acompañará siempre su pensamiento y hallará un nuevo cauce en *Hacia un saber sobre el alma*[4], publicado en Buenos Aires en 1950 y compuesto por ensayos escritos entre 1933 y 1945. En ellos aparece ya

1. María Zambrano, *La confesión: género literario y método*, en *Obras completas II. Escritos 1939-1948*, ed. Jesús Moreno Sanz, con la colaboración de M. L. Maillard y P. Chacón, Barcelona: Galaxia Gutenberg, 2016.
2. María Zambrano, «Nosotros creemos», *El Liberal*, 28 de junio de 1928.
3. María Zambrano, *Carta a Ortega y Gasset*, 1932, en Pedro Chacón (ed.), *Confesiones y guías*, Madrid: Trotta, 2013.
4. María Zambrano, *Hacia un saber sobre el alma*, Madrid: Alianza Editorial, 2019.

la convicción de que la filosofía no puede agotarse en el concepto, sino que debe adentrarse en la zona donde lo racional y lo vital convergen, allí donde el pensamiento escucha a la vida y se deja transformar por ella.

El exilio será el escenario decisivo de esta búsqueda. En él, Zambrano pudo mirar la vida en su desnudez: «El exilio –escribirá– no es sólo una circunstancia histórica, sino una condición metafísica»[5]. Desde esa intemperie, la confesión se perfila como un método nacido de la herida, capaz de sostener la vida en la palabra «en espera de recobrar algún paraíso perdido» (pág. 51)[6].

La confesión se ofrece, así, como doble herencia y como desbordamiento. Herencia de san Agustín, que inauguró el género como plegaria –el recuerdo hecho transparencia ante Dios–, y de Rousseau, que lo llevó al terreno de la autobiografía moderna –el individuo que se expone ante la mirada pública en busca de legitimidad–. Zambrano recoge ambos legados, pero los desborda, pues en su confesión no hay altar ni tribunal, sino que acontece en soledad, frente a la vida desnuda, sin defensa ni absolución. «La confesión surge cuando el hombre se siente a sí mismo escindido, incapaz de reconciliar lo vivido con lo decible»[7]. Y es

5. María Zambrano, *Delirio y destino*, Madrid: Alianza Editorial, 2021.
6. Indicamos el número de página entre paréntesis cuando citamos de la presente edición.
7. María Zambrano, *La confesión: género literario y método*, OC II, pág. 63 de la presentación.

justamente en esa soledad sin altar ni tribunal donde se revela también un límite de la filosofía occidental, que durante siglos se levantó sobre un logos transparente y universal, dejando fuera todo aquello que no cabía en el concepto: la herida, la emoción, la voz del corazón.

En esos mismos años Zambrano escribe *La agonía de Europa* (1945)[8]: si allí confesaba la quiebra de un continente, en *La confesión* nombraba la fractura íntima del ser humano. Ambas obras se reclaman: la Europa desgarrada y el sujeto desgarrado aparecen como dos rostros de una misma intemperie. En esa exclusión, advierte Zambrano, se produjo un vacío: la filosofía perdió el contacto con lo más humano. Y la confesión responde a ese vacío abriendo un espacio donde la verdad no nace de la demostración sino de la vida, devolviendo la palabra a quienes habitan en silencio. «¿Dónde está la verdad que la razón moderna ha deparado para el hombre, para el hombre sencillo?» (pág. 26), se pregunta en una reflexión que vislumbra la necesidad de otro horizonte.

Ya en Job se escucha el eco de esa voz originaria –«horror del nacimiento; vergüenza de haber nacido; espanto de morir; extrañeza de la injusticia» (pág. 39)– y la confesión se reconoce como comparecencia de la verdad elemental. No se confiesa para convencer, sino

8. María Zambrano, *La agonía de Europa*, Madrid: Alianza Editorial, 2023.

para aparecer; tampoco para justificarse, sino para no desaparecer. La vergüenza no es un accidente, sino la experiencia primera de la vulnerabilidad, y es precisamente por ello que confesar se vuelve al mismo tiempo herida y cuidado, técnica del alma capaz de transformar el dolor en aparición.

La confesión, como tal, no adopta nunca un discurso cerrado: es fragmentaria, se quiebra, se interrumpe, oscila entre la oración y el poema, entre la memoria íntima y la meditación. Esa fragmentariedad no es carencia, sino fidelidad a la verdad que se busca mostrar, pues pensar así –en fragmentos, con silencios– es dejar que la vida dicte su propio ritmo. En realidad, la confesión responde a una necesidad radical del espíritu humano: dar palabra a lo que hiere, a lo que se escapa del concepto. Allí donde la filosofía abstracta calla, la confesión ofrece un cauce que sostiene a la vida en su totalidad. Para Zambrano la confesión es «palabra a viva voz» (pág. 32), y en esa voz se reconoce lo que Zambrano llamará razón poética: «un saber que no excluye el temblor y que permite que la verdad comparezca como aparición»[9]. De este modo, se perfila también lo que podríamos llamar una razón confesional: una razón mediadora, nacida de la herida, que intercede entre la vida y el pensamiento, devolviendo al lenguaje su capacidad de amparo.

9. María Zambrano, *Claros del bosque*, Madrid: Alianza Editorial, 2019.

Confesar es igualmente un acto de justicia, porque permite que salgan a la luz los «hombres subterráneos» (pág. 108), aquellos que sostienen el mundo sin figurar. En la confesión comparecen voces históricamente relegadas: la de la mujer, la del cuerpo doliente, la de la palabra íntima. Nombrar la soledad o la vergüenza no es un desahogo, sino un pensamiento que rescata lo oculto. Para Zambrano, la confesión –lenguaje del sujeto– abre un modo de verdad que hace nuevamente habitable el mundo, y allí donde alguien confiesa puede nacer una comunidad mínima, un espacio de escucha y de proximidad.

Así entendida, la confesión tiene una dimensión ética y política, pues se convierte en una guía que orienta al ser humano restituyendo la correspondencia entre lo que hace y lo que es. Frente a un tiempo que multiplica gestos sin alma, confesar devuelve a la acción su pulso humano; frente al ruido, devuelve a la palabra su hondura y su carácter de acontecimiento.

Más de ochenta años después, este texto sigue vivo mientras habitamos otra intemperie: no ya la del exilio exterior, sino la de la saturación de discursos, la sobreexposición digital o la soledad camuflada de conexión. En este contexto, la confesión podría ser brújula discreta que nos invite a recuperar la lentitud y la hondura, aquellas palabras que nacen de la herida, inspirando una filosofía práctica, una pedagogía atenta o una mediación capaz de escuchar.

La confesión, como acto, no puede envejecer porque, lejos de ofrecer doctrinas, es una invitación a practicar la libertad. Su vigencia reside en recordarnos que pensar es también vivir, y que el pensamiento, cuando nace del corazón, se abre al encuentro. Pensar, en este sentido, es adentrarse en lo oscuro del sentir, atender a lo que allí se revela y dejar que las palabras lo descifren, pues al nombrar dan forma y lo hacen presente, respondiendo así a la urgencia del tiempo vivido. En esa fidelidad reconocemos la clave de su actualidad: un pensar encarnado en el cuidado, que da lugar a lo verdadero sin ocultarlo.

Podemos decir, en este punto, que esa búsqueda de un saber nacido del corazón ha estado siempre viva en su obra. Desde los escritos iniciales hasta los de madurez late en Zambrano la convicción de que el pensamiento no se agota en el concepto, sino que necesita arraigarse en el alma. El saber del corazón –que ella misma vinculará al *ordo amoris* agustiniano– se convierte en una orientación interior, en un orden invisible que sostiene la vida y que, al mismo tiempo, constituye un conocimiento capaz de unir lo que tantas veces se ha separado: razón y afecto. Por tanto, no se trata de sentimentalismo, sino de un saber sobre el alma, un saber capaz de acoger la herida y de transformarla en claridad.

No es casual que, en el curso de los años, Zambrano volviera una y otra vez a esa intuición que orienta toda su escritura: la exigencia de un saber capaz de escuchar al alma. A mediados del siglo xx, en los textos reunidos en Buenos Aires por Losada, esa búsqueda se hizo explícita: allí señalaba la necesidad de una filosofía que no se aparte de lo vital, sino que se adentre en la zona en que la razón se entrelaza con la experiencia vivida y se deja transformar por ella. La confesión aparece, así, como un hilo invisible que recorre su obra entera: desde los escritos de juventud hasta los de madurez, late la urgencia de comparecer con verdad, de dar palabra a lo indecible. Pensar y confesar se vuelven en Zambrano dos gestos de una misma fidelidad a lo íntimo.

Quien se acerque a este libro encontrará una invitación a pensar con el corazón, a decir desde la herida y a dejar que la confesión se convierta en método para vivir con verdad. En definitiva, este texto –núcleo de su pensamiento– nos ofrece la posibilidad de que el alma aparezca en su fragilidad y, en ese aparecer, encuentre, al fin, lugar en el mundo. Para la pensadora, confesarse es atravesar la herida sin quedar presos en ella, devolver al lenguaje su capacidad de amparo a través de ese gesto mínimo y radical que guarda la esperanza: seguir diciendo, con el alma expuesta, para que la existencia no se extinga en silencio y la palabra pueda volverse guía de proximidad, puerta entreabierta hacia otra vida posible.

Victoria Clemente Legaz

La confesión
Género literario y método

I

Cuando la Filosofía hace su historia suele olvidar desdeñosamente lo que deben los hombres a otros saberes nacidos más allá o más acá de ella. Lo que se debe, por ejemplo, a la poesía y a la novela. Tendría razón en ignorarlas y hasta en desdeñarlas si su existencia misma no las necesitara. La Filosofía no necesita supuestos –tal vez sea así– para su ideal existencia, según ella misma establece. Pero si se la considera en la vida de cada hombre, los necesita más que cualquier otro género de conocimiento. No puede compararse con la Religión; la Religión no necesita de condiciones para entrar en la vida de un hombre; ella sola puede penetrar y consumir su vida entera hasta absorberla: las vidas de tantos santos ignorantes, que comenzaron por ser «tocados» cuando eran hombres vulgares o disipados, lo muestra bien a las claras. La Filosofía, por el contrario, necesita el mayor número de condiciones en la vida del filósofo. Si la Filosofía no tiene vida, el filósofo la tiene en mayor grado; ha tenido, en realidad, que transformarse para entrar en la Filosofía.

La Filosofía persigue la verdad según la razón. Pero es un hombre quien esto hace y sucede que puede buscarla y que puede huirla por lo pronto; la verdad transforma la vida.

La Filosofía occidental no ha manifestado en su punto de arranque las condiciones y la forma misma de aquel modo de vida que la ha hecho posible. Sin duda que no ha creído que tendría que detenerse a hacerlo. Sin duda que cuando la Filosofía ha corrido por su cuenta, desprendida ya de la Religión, no se ha detenido a mirar lo que quedaba bajo ella sosteniéndola, en el modesto orden del tiempo. Y sin embargo, no cabe desconocer que una vida que acata la existencia, la sola existencia de la verdad, es una vida en la que se ha operado algún cambio; es ya una vida trasformada, convertida, pues que a toda verdad, por evidente y grande que sea, cabe el responder, con indiferencia y desafío, «¿qué me importa?».

Hubo un filósofo, nada moderno, que manifestó la conversión que lleva consigo el disponerse a buscar la verdad, la transformación que significa para la vida su entrega a ella; por tanto lo que de religioso hay bajo la Filosofía: la religión en que se asienta y sin la cual la verdad, y su búsqueda por la razón, quedan flotando a merced de alguna justificación apresurada o sin justificación alguna: Aristóteles, quien da por hecho que es propio de la naturaleza del hombre el buscarla. Pero Aristóteles, que es tan remiso al comienzo cuando habla de la necesidad de saber, en otro lugar tiene que hacer una teoría de la «vida feliz» como vida propia del que ha llegado a ser filósofo, lo que es más platónico que lo de Platón.

Esta «vida feliz» muestra hasta qué punto la vida queda transformada bajo la acción del conocimiento. Mas, entre la vida y la verdad ha habido un intermediario, cosa que Platón, y no Aristóteles, ha enseñado. Es el amor, el amor que lleva su nombre, quien dispone y conduce la vida hacia la verdad. Y lo propio de este amor es ser tanto más apasionado cuanto más universal y fría es la verdad, cuanto más lejana y más pura.

Pero hace tiempo que el platonismo ha huido del mundo, al menos en lo que hace al amor. El divorcio entre la vida y la verdad filosófica fue ahondándose y fue desapareciendo hasta el rastro de este género de amor, que había ido a anidar en la mística. Pero la mística ha desaparecido también, al menos en su forma más clara, es decir, platónica.

La Filosofía Moderna no ha pretendido reformar la vida. Por el contrario, quiso transformar la verdad; ha querido trasladar a ella la reforma o transformación que no ha introducido en la vida. Los diversos intentos constituyen la trágica historia de la desesperación de la verdad, que querríamos poder seguir paso a paso, y que constituye lo más hondo de nuestro drama. A medida que avanza la época moderna, a medida que nos alejamos de Descartes y que germinaba la desconfianza en que fue el genio, ha crecido la desesperación de la verdad. Y paralelamente la rebeldía de la vida. La vida se negaba a reformarse, o usando el término clásico, a «convertirse». Y la verdad llegaba a ella encontrándola cada vez más cerrada. Ante esta situación cada vez más intolerante, se tuvo que pensar en reformar la verdad, ya que no se reformaba la vida.

La verdad, cuanto más pura, cuanto más filosófica, es más abstracta, más universal. Pero la esencia de cualquier verdad es ser universal y aunque afirme un hecho, un simple hecho que la vida incluye, sin darle mayor trascendencia, lo separa de la vida en cuanto que lo expresa. La verdad, toda verdad, es siempre trascendente con referencia a la vida, o si se la mira en función de la vida, toda verdad es la trascendencia de la vida, su abrirse paso.

Pero las verdades de la razón pura, las más universales, se ciernen sobre la vida y para entrar en contacto con ella necesitan que la vida previamente haya realizado alguna operación dentro de sí. La verdad de la Filosofía, de la Filosofía platónica y aristotélica, no sería posible sin el suceso que se relata en el Mito de la Caverna. La Filosofía Moderna, la que nace en Descartes, no tiene un mito semejante; ha abandonado la exigencia de que la vida se convierta y no hace para nada alusión a ese asunto. Sólo un filósofo alejado, Spinoza, dedica la atención merecida a la reducción de la vida en el Libro IV, sobre las pasiones, de su *Ética,* que en verdad no ha alcanzado gran vigencia. Y aunque podría decirse que el Mito de la Caverna no ha sido directamente atendido, ha sido característica de la influencia platónica, el entrelazarse, el esconderse casi, actuando de manera callada: a la misma manera del agua en el mundo físico, puliendo, reduciendo, transformando lentamente y sin más espectacularidad que la de los éxtasis de los místicos.

El drama de la cultura moderna ha sido la falta inicial de contacto entre la verdad de la razón y la vida. Porque toda vida es ante todo dispersión y confusión, y ante la verdad pura se siente humillada. Y toda verdad pura, racional y universal, tiene que encantar a la vida; tiene que enamorarla. La vida rebelde y confusa ha pasado por la época del hechizo y para derrocarlo tiene que suceder el enamoramiento, que es también encanto, suspensión, pero algo más: sometimiento a un orden, y más todavía: ser vencido sin rencor.

Y la verdad pura humilla a la vida cuando no ha sabido enamorarla. Porque la vida es continua pasión y pasividad. El entendimiento, órgano de la verdad, es, como dice Aristóteles, «impasible» y la vida es pura pasividad, en cuanto que no es intelecto, y es fácil que se sienta humillada hasta con respecto a esta parte de sí misma que se aparta, que tiene como otra ley y otros contactos. Si la vida no es reformada por el entendimiento, ganada por la verdad que él le ofrece, si la verdad que él le sirve no sabe enamorarla, dejarla vencida sin rencor, se declarará en rebeldía.

Esta situación parece haber determinado el fondo de todos los intentos de las diversas «Reformas del Entendimiento» de los siglos XVI y XVII de Europa. El tema de la «Reforma del Entendimiento» prosperó a partir de Descartes, aunque a veces contradijera su pensamiento. Esta reforma lo era, en realidad, de la idea de verdad que Descartes dejó intacta en su significación platónica. Las pretendidas reformas del entendimiento se dirigen contra todo lo platónico, contra la idea platónica de verdad, contra la idea platónica de «idea» y, sobre todo, contra algo que, aunque Platón no nombrara excesivamente, persiguiera siempre y que su discípulo, el Platón extremado que fue Plotino, tuvo como obsesión: la unidad.

La reforma del entendimiento se enderezaba a encontrar una verdad dispersa; en vez de salvar a la vida de su dispersión, se hacía ella misma dispersa en el relativismo; se la hizo estribar en las relaciones y en seguida en los hechos, en los simples hechos. Y como los hechos siempre están aislados, se pretendió entonces que la verdad se hiciera dispersa.

Y así, la exigencia de verdad vino a ser substituida por la exigencia de sinceridad; «sinceridad» que hace referencia al individuo, y en el que se quiebra la verdad. Y dentro de esta sinceridad de los descubridores del relativismo, cada vez cabía menos la verdad. No la podían aceptar en su vida y para salvar la vida, para no reformarla, reformaron la idea tradicional de verdad.

El idealismo alemán siguió un camino bien diferente. Pero en el fondo es tal vez el mismo suceso, pues que el «Espíritu» de los idealistas está *vivo,* terriblemente vivo. Nada hay en él de aquella visión griega, de aquella visión en que la vida era vista, contemplada, con un ojo impasible y que ya no es de este mundo. La vida transfería sus caracteres al Espíritu absoluto de Hegel y con ello la vida, al ver como en un espejo desmesurado sus confusos caracteres, quedó más confusa que nunca y, por tanto, más dispuesta al ensoberbecimiento. Vida y razón se ensoberbecieron, sin corregirse la una a la otra; sin ser la vida aclarada por la razón y sin ser la razón sujetada por la vida, que, muy al contrario, le ofreció su ímpetu, todo su ímpetu para que se «totalizara».

De esta situación resalta algo mucho más grave: el que el hombre de la cultura moderna, al que la razón, ya la razón relativista de los hechos, ya el Espíritu absoluto, tenía confiado, quedaba en confusión y desamparo. De la inasequible verdad de los filósofos antiguos pudo llegar hasta el hombre analfabeto una verdad ordenadora de su vida. Y su rastro, por siglos y siglos, permanece aún en los lugares más contrarios, como en la poesía de influencia platónica. Hasta el hombre de la gleba medieval pudo llegar la noción que daba sentido a su paso por la tierra, envuelta y afirmada por nociones que la Filosofía platónico-aristotélica, y aun plotiniana, había encontrado. De esa filosofía aristocrática había sido posible extraer una verdad asimilable por el hombre ingenuo, por el que miraba el curso de las estrellas, por el que nada sabía de libros, ni de construcciones de la mente. ¿Dónde está la verdad que la razón moderna ha deparado para el hombre, para el hombre sencillo, para el hombre sin más? A medida que el «humanismo» ha ido ganando terreno, la vida del hombre sencillo, que no tenía ni tiempo ni medios para detenerse a encontrar la verdad por su cuenta y con su esfuerzo, con ese agónico esfuerzo que es siempre la filosofía, iba quedando desamparada y desdeñada. El crecimiento de cosas tales como el comunismo deben ponerse a esta cuenta, mucho más que a la explotación económica. Porque la vida no puede soportar a la razón cuando ésta no se ha dignado contar con ella, cuando no ha descendido hasta ella ni ha sabido tampoco enamorarla para hacerla ascender.

La vida quedaba abandonada, la vida del hombre; del hombre concreto en su ignorancia y confusión. La verdad que se le servía era verdad que no enamoraba su vida, que no la reducía. Y que, además, solamente ha aprendido a través del «interés», como era, después de todo, natural que ocurriese. La vida real, el hombre real y concreto, quedaba, o ensoberbecido por la ideología positivista, que es la única que se derivó de la razón dispersa, o humillado. Soberbia y humillación son las dos notas de la desesperación del alma moderna: sus dos polos.

La reforma del entendimiento europeo, el salto de la filosofía en sus dos aspectos, no hubiera sido menester de haberse realizado una confesión a estilo agustiniano. Y así resulta Kant el filósofo más equilibrado, el de mayores promesas hoy, porque estuvo más cerca que ninguno de haberla realizado: su *Crítica de la Razón Práctica* anda cerca de ello; Kant pudo también, con una gota más de adentramiento, dar a luz al hombre moderno que vive a medio engendrar. Pero no ha sido así. Y no se ha realizado la conversión de la vida; y frente a las exigencias de la razón ha quedado humillada. Porque el rencor se asienta en la zona misma en que la vida necesita de esa transparencia que sólo proporciona la verdad. Como no puede prescindir de ella, parte en su busca; mas al no estar preparada para recibirla, surge adueñándose el rencor.

Cuando la vida no se ha convertido, anda confusa y dispersa. Son sus notas cuando corre entregada a la espontaneidad. La verdad racional le propone, y es más, le exige una reducción violenta, sin haberla preparado, sin ofrecerle apenas compensación. «Se hace muy difícil aceptar la verdad sin más, pues una vez aceptada hay que someterse a ella», ha dicho Nietzsche. La razón de la filosofía moderna es la más violenta: por una parte, la más exigente, y por otra, y esto es lo que ha originado el rencor más que cosa alguna, no lleva dentro de sí la justificación de la esperanza humana. Platón y Aristóteles exigían un duro ascetismo; salvarse por ellos resultaba difícil, mas era posible. No ofrecían la vida eterna, que tampoco era esperada por los hombres de la cultura griega, pero ofrecían, en cambio de la «conversión», inmortalidad. La razón moderna no ha ofrecido nada, pidiéndolo todo. El idealismo que ofrecía algo, lo más análogo a la vida teorética de Aristóteles y aun del éxtasis de Plotino, era aún menos asequible.

Y por eso hubo de surgir la otra razón, la razón cercana a la vida y asequible a ella. Mas sucedió que nada dejaba de lo que en la vida quiere trascender. Le arrancó hasta la posibilidad de expresarse. Dejó de haber alma y espíritu, si por espíritu entendemos la posibilidad infinita de toda vida y su necesidad (la necesidad individual) de renacer, pues el individuo, para serlo, necesita renacer, ser de nuevo engendrado. Y así la vida se sentía humillada frente al idealismo, porque le llevaba una verdad sin haberla previamente preparado para ella, verdad que le arrancaba violentamente de sí y, lo que es más grave, sin camino. El idealismo comienza, obviamente, sin reconocer la necesidad de conversión, siendo por sí mismo la más violenta conversión que se haya presentado. La supone y no alude a ella, ha cercenado todo lo subjetivo, todo lo individual, desconociendo la inmediatez de la vida, pero sin mostrarle el camino para dejar de ser inmediata. La transformación necesaria al idealismo es inmanente, es decir, reside en la interioridad del sujeto sin más. Y los que así no lo saben y los que no les basta con ello quedan relegados al grado de semihombres, en una existencia degradada, como ha dicho al fin su heredero Heidegger.

Mas la filosofía que no ha humillado a la vida se ha humillado a sí misma, ha humillado a la verdad. ¿Cómo salvar la distancia, cómo lograr que vida y verdad se entiendan, dejando la vida el espacio para la verdad y entrando la verdad en la misma vida, transformándola hasta donde sea preciso sin humillación? El extraño género literario llamado confesión se ha esforzado por mostrar el camino en que la vida se acerca a la Verdad, «saliendo de sí sin ser notada», el género literario que en nuestros tiempos se ha atrevido a llenar el hueco, el abismo ya terrible abierto por la enemistad entre la razón y la vida. La confesión, en este sentido, sería un género de crisis que no se hace necesario cuando la vida y la verdad han estado acordadas. Mas en cuanto surge la distancia, la menor divergencia, se hace preciso nuevamente. Y por eso san Agustín inauguró el género con tanto esplendor; porque es el hombre *viejo* desamparado y ofendido, tanto como pueda estarlo el moderno, que, al fin, se amiga con la verdad.

La confesión, género literario

¿Qué es una confesión y qué nos muestra? Ante todo, como género literario, percibimos en él las diferencias que lo distinguen de la Poesía y de la Novela y aun de la Historia, que son los géneros que le andan más cerca.

La novela es el más próximo; como ella, es un relato. Pero la diferencia es doble, en orden al sujeto y en orden al tiempo. Y en consecuencia o más bien previamente, hay otra diferencia fundamental, entre lo que pretende el novelista y lo que pretende el que hace una confesión.

Lo que diferencia a los géneros literarios unos de otros es la necesidad de la vida que les ha dado origen. No se escribe ciertamente por necesidades literarias, sino por necesidad que la vida tiene de expresarse. Y en el origen común y más hondo de los géneros literarios está la necesidad que la vida tiene de expresarse o la que el hombre tiene de dibujar seres diferentes de sí o la de apresar criaturas huidizas. La necesidad más antigua fue la más alejada de la expresión directa de la vida. La poesía primera, como se sabe, es un lenguaje sagrado, es decir, objetivo en grado sumo.

El *Libro de los Muertos* de Egipto nos presenta fórmulas sagradas y litúrgicas, fórmulas fijas y rituales como los números y la música. Música pura, aunque sea «la historia de un alma», que diríamos los occidentales. En este sentido, novela y confesión son parientes y casi coetáneas, pues ambas son expresiones de seres individualizados a quienes se les concede historia. El supuesto, tanto de la confesión como de la novela, es que el individuo padece y que puede perderse. La momia que «se confiesa» no tiene historia, tiene presente puro; ésta no sólo está ya conversa sino glorificada. Es una bienaventurada que habla por hacerse abrir las puertas doradas del jardín último.

Entre los griegos la confesión no tiene lugar, no puede surgir, hubiera sido más exasperada, más que la poesía de Anacreonte, único respiro del alma irracional, reacia a dejarse trasmutar por el amor platónico. La confesión griega hubiera sido la historia del filósofo arrebatado de la caverna, pero no la hizo o se ha perdido.

Y cuando surge con san Agustín, surge entera. ¿No tiene acaso antecedentes? Parece no tenerlos y, sin embargo, algo viene a la memoria: un parentesco inequívoco. Es por la línea de nuestros padres, por el lado de la historia y de la pasión, de la falta de pudor para gritar y hablar de sí mismo, por el lado de la verdad de la vida, de la verdad hebrea. Es Job el antecedente de la confesión, y decir Job es tanto como decir queja: es la queja. Es Job quien habla en primera persona; sus palabras son plañidos que nos llegan en el mismo tiempo en que fueron pronunciados; es como si los oyéramos; suenan a viva voz. Y esto es la confesión: palabra a viva voz. Toda confesión es hablada, es una larga conversación y desplaza el mismo tiempo que el tiempo real. No nos lleva como una novela a un tiempo imaginario, a un tiempo creado por la imaginación. La novela tiene su origen en la linterna mágica, en el desván de las musarañas. La novela, ya en su comienzo, y más en sus comienzos, nos crea otro tiempo en el doble sentido de un tiempo mitológico –pues la novela conserva el rastro del mito– en el sentido en que hace nacer en nuestra conciencia otro tiempo, aunque ya no exista rastro mitológico. Es otro tiempo que el de la vida. Y cuando la novela ha llegado a ser tiempo de la vida –Proust, Joyce– es que se trata en realidad de una confesión, como luego se verá.

La confesión se verifica en el mismo tiempo real de la vida, parte de la confusión y de la inmediatez temporal. Es su origen; va en busca de otro tiempo, que si fuera el de la novela no tendría que ser buscado, sino que sería encontrado. El que hace la confesión no busca el tiempo del arte, sino algún otro tiempo igualmente real que el suyo. No se conforma con el tiempo virtual del arte. El artista, al crear, remeda la creación divina y crea una eternidad... virtualmente. Es el juego, el juego profundo del arte. No sé si alguien lo ha señalado, pero cualquier otra *magia* artística queda supeditada a este juego profundo y sumamente grave del que sólo se apartaría el arte sinceramente religioso, cuyo tiempo sería el del paraíso perdido. Pero el arte puro, el arte por el arte, es el juego de la creación de un tiempo más allá del tiempo, que el hombre no puede crear; es el juego a crear un tiempo que no puede haber y que sólo gozamos, cuando lo gozamos, virtualmente. La confesión va en busca, no de un tiempo virtual, sino real, y por eso, por no conformarse sino con él, se detiene allí donde ese otro tiempo real empieza. Es el tiempo que no puede ser transcrito, es el tiempo que no puede ser expresado ni apresado, es la unidad de la vida que ya no necesita expresión. Por eso todo arte tiene algo de confesión desviada, y tiene, a veces, los mismos fines que ella, pero va recreándose en el camino, deteniéndose, gastando el tiempo en un supremo lujo humano. El arte es el dispendio de la creación, el lujo que el Creador ha permitido al hombre en una creación que no es real, pero que es creación, sin embargo. El arte es juego, juego a crear. El trabajo no nos separa de la realidad y está encajado en ella, pues termina en algo efectivo y canjeable. El arte está por encima de la necesidad y del encararse de la realidad –de ahí lo grave de todo arte realista y la soberbia que arrastra consigo–, ¡juega a crearla y la crea virtualmente! Es el lujo que Dios en su misericordia dejó al género humano al condenarlo al trabajo y al dolor. De la salida del jardín encantado, del ansia loca de probar el árbol de la ciencia, quedó como manzana encantada el arte, la magia de su tiempo inventado.

La poesía es la que está más próxima, es la realidad del hechizo y lo más próximo a deshacer la condenación. Por eso es la que más ha sentido la maldición y, en cierto modo, todos los poetas son «poetas malditos». El poeta se desvía también de la confesión o por desesperación o por esperanza apresurada; por prisa de llegar saltando sobre el tiempo. Pero la poesía a veces lo logra y en ella tenemos los únicos momentos extáticos, expresados aunque sea por aproximación, como diría Mallarmé. En un poema logrado, en su perfecta unidad, encontramos lo más cercano al tiempo puro que busca el que escribe la confesión.

La confesión es el lenguaje de alguien que no ha borrado su condición de sujeto; es el lenguaje del sujeto en cuanto tal. No son sus sentimientos, ni sus anhelos siquiera, ni aun sus esperanzas; son sencillamente sus conatos de ser. Es un acto en el que el sujeto se revela a sí mismo, por horror de su ser a medias y en confusión. El que se novela, el que hace una novela autobiográfica, revela una cierta complacencia sobre sí mismo, al menos una aceptación de su ser, una aceptación de su fracaso, que el que ejecuta la confesión no hace de modo alguno. El que se autonovela objetiva su fracaso, su ser a medias, y se recrea en él, sin trascenderlo más que en el tiempo virtual del arte, lo cual lleva mucho peligro. Objetivarse artísticamente es una de las más graves acciones que hoy se pueden cometer en la vida, pues el arte es la salvación del narcisismo; y la objetivación artística, por el contrario, es puro narcisismo. El artista perpetuamente adolescente que se fija, enamorado de sí, en su adolescencia. Mortal juego, en que no se juega a recrearse sino a morirse. Todo narcisismo es juego con la muerte.

La poesía puede caer en él, la confesión está al borde; es un riesgo mortal. Si resbala en él entonces es una confesión truncada, mezquinamente fracasada, por ser simple exhibición de lo que no es. No es camino, sino trágica y a la par grotesca galería de espejos; alucinatoria repetición.

La confesión parte del tiempo que se tiene y, mientras dura, habla desde él y, sin embargo, va en busca de otro. La confesión parece ser una acción que se ejecuta no ya en el tiempo, sino con el tiempo; es una acción sobre el tiempo, mas no virtualmente, sino en la realidad. El camino para lograr algo con respecto al tiempo y, como todo lo que es camino, cesa.

Pero es que la confesión es ejecutiva en algún otro sentido; alcanza algo que quiere transmitir; cuando leemos una confesión auténtica sentimos repetirse aquello en nosotros mismos, y si no lo repetimos no logramos la meta de su secreto. En esto va su semejanza y su divergencia de la Filosofía: como ella, necesita ser actualizada. Sabido es que el estudiar filosofía es en realidad volver a filosofar. «No se enseña Filosofía, se enseña a filosofar», ha dicho Kant, quien tenía cierta autoridad para ello. La Filosofía, aun aprendida, tiene que seguir el camino de lo que se quiere aprender; la confesión leída, si no es en balde, tiene que verificar aquello mismo que el que se ha confesado ha hecho. Mas la diferencia es ésta, que aquí la soledad es completa y el modelo solamente analógico, pues que el ser, el ser que se busca, no es idéntico como el del pensamiento. Es analógico; es el ser mío, semejante, pero jamás el mismo que el otro.

Mas si no ejecuta lo que ejecutó el autor de la confesión, será en balde su lectura. Porque la confesión es una acción, la máxima acción que es dado ejecutar con la palabra.

La confesión, revelación de la vida

Los géneros literarios parecen crecer a medida que la filosofía se aparta de la vida, ya alejándose de ella, ya confundiéndose. Es que la vida necesita revelarse, expresarse. Si la razón se aleja demasiado, la deja abandonada; si llega a tomar sus caracteres, la asfixia. Pues se trata de encontrar el punto de contacto entre la vida y la verdad. Y este punto de contacto se encuentra por una operación de la misma vida, algo que tiene lugar dentro de ella. La vida tiene que transformarse, abriéndose a la verdad, aunque solamente sea para sostenerla, para aceptarla antes de su conocimiento, conocimiento por otra parte imposible en su totalidad.

Pero en este abrirse de la vida hay algo más que la aceptación de la verdad. Hay la expresión de la propia vida, la revelación de sus entrañas. Cuando la conversión es instantánea o cuando es previa al conocimiento, no es menester la confesión. La confesión surge de ciertas situaciones. Porque hay situaciones en que la vida ha llegado al extremo de confusión y de dispersión. Cosa que puede suceder por obra de circunstancias individuales, pero más todavía, históricas. Precisamente cuando el hombre ha sido demasiado humillado, cuando se ha cerrado en el rencor, cuando sólo siente sobre sí «el peso de la existencia», necesita entonces que su propia vida se le revele. Y para lograrlo, ejecuta el doble movimiento propio de la confesión: el de la huida de sí, y el de buscar algo que le sostenga y aclare.

La confesión comienza siempre con una huida de sí mismo. Parte de una desesperación. Su supuesto es como el de toda salida, una esperanza y una desesperación; la desesperación es de lo que se es, la esperanza es de que algo que todavía no se tiene aparezca.

Sin una profunda desesperación el hombre no saldría de sí, porque es la fuerza de la desesperación la que le hace arrancarse hablando de sí mismo, cosa tan contraría al hablar.

Esta desesperación, antes de ser expresada como confesión en la manera en que la entendemos, es decir, como huida de sí y expresión de alguna culpa, de un yo que se quiere rechazar, antes que esto, la desesperación es queja, simple queja. Por eso la primera confesión, la preconfesión, es la queja de Job.

En ella tenemos la situación desnuda que lleva el confesarse sin el movimiento mismo de la confesión. Es la pura queja, porque su desesperación y su esperanza son inmediatas. No ha descubierto todavía, propiamente, la interioridad; su dolor es por motivos, en cierto modo, externos a él, son dolores que le acaecen y que le hacen preguntar, pedir razones. Mas no llega [a] la confesión porque no cree que de él dependa cosa alguna. Se siente una nada dependiente de la divinidad: no cree en su propio ser.

No ha descubierto todavía su interioridad, sino únicamente su existencia desnuda en el dolor, en la angustia y en la injusticia. Su queja es una apelación directa a la divinidad. Querría morir porque no se le presenta otra alternativa entre la vida y la muerte; no se le presenta que puede haber algo, un lugar más allá de esta vida, que no es la muerte.

Esta queja ha quedado vencida por la confesión. Porque en la confesión queda incluida la queja de Job, pero transformada. Job está desesperado, pero la salida sólo la ve en una respuesta de la divinidad. Job se queja: del horror del nacimiento, del espanto de la muerte cierta y de la injusticia. Y esas tres quejas quedan resumidas cuando dice: «¿Qué te haré, Guarda de los hombres?, ¿por qué me has puesto contrario a ti y que a mí mismo sea pesado?», y todavía en «¿Dónde estará ahora mi esperanza y mi esperanza, quién la verá?».

Tenemos, merced a este dolor, la revelación de una existencia desnuda. La filosofía partirá de la renuncia a la queja o de la superación de ella. Filósofo es el que ya no se queja. La cultura, todas las culturas, han mantenido encubierta la existencia desnuda del hombre; trajes puestos sobre la desesperación humana y a veces, en momentos de decadencia, simple anestésico que trae el olvido, el bebedizo.

Merced a la desesperación que se atreve a pedir razones, hay esta revelación de lo que el hombre siente cuando nada tiene, cuando sale de sí: horror del nacimiento; vergüenza de haber nacido; espanto de morir; extrañeza de la injusticia entre los hombres. Y así tiene que ofrecer remedio a estos males o esperanza de remedio; tiene que hacernos aceptar el nacimiento, no temer la muerte y reconocernos en los demás hombres como iguales. Sin estas tres conversiones la vida humana es una pesadilla. Job así lo sintió y salió de ella por su grito, por su queja, que, al fin, fue escuchada.

Y ésta es la esperanza que en realidad le movió a quejarse, pues sin la menor esperanza de ser escuchada, la queja no se produciría. Hasta el simple ¡ay! cuenta con un interlocutor posible. El lenguaje, aun el más irracional, el llanto mismo, nace ante un posible oyente que lo recoja.

La confesión tiene también un comienzo desesperado. Se confiesa el cansado de ser hombre, de sí mismo. Es una huida que al mismo tiempo quiere perpetuar lo que fue, aquello de que se huye. Quiere expresarlo para alejarlo y para ser ya otra cosa, pero quiere al mismo tiempo dejarlo ahí, realizarlo.

Esperanza de una revelación de la vida, de que se disuelvan los tres horrores, de que la vida, al descubrir algo más allá de ella, encuentre al fin su figura, y deje de ser pesadilla. Y así el que una verdad sea asimilada por la vida tiene que verificarse a través de una conversión que le haga aceptar su nacimiento, no sentir espanto ante la muerte y permanecer tranquilo en medio de la injusticia. Y, en realidad, injusticia es siempre todo vaivén de la fortuna, aunque sea favorable; pues si la contingencia dolorosa humilla, también humilla la fortuna igualmente contingente. Lo que causa la humillación es el sentirse abandonado, fuera de un orden. Es la amarga situación que tanto se diera al final del Mundo Antiguo y que Lucrecio recoge con tanta fuerza: «En el caso de que haya dioses, no se ocupan para nada de los hombres».

Lo que Job quería era que Dios se ocupara de él, que llegase hasta él con razones. Las razones de la divinidad le hacían más falta que el alivio de sus dolores; pues cabe, a fuerza de sufrir, anestesiarse en el dolor; mas este embotamiento humilla más que el dolor mismo y es él, en realidad, lo que hace de la vida una pesadilla. Job no pedía dejar de sufrir, sino salir de la pesadilla, saber la razón de su sufrimiento; pedía una revelación de la vida. Mientras no la tuviera, se aborrecería a sí mismo, maldeciría su propio ser. Lo aborrecería hasta querer que fuese borrado. «¿Por qué me sacaste de la matriz? Habría yo expirado, y no me vieran ojos. Fuera como si nunca hubiera sido, llevado desde el vientre a la sepultura» (cap. 10, 17 y 18). Huida total de sí, verdadero suicidio que quiere borrar la ignominia del nacimiento, que quiere evitar la humillación de la muerte y evitar la injusticia.

La confesión es salida de sí en huida. Y el que sale de sí lo hace por no aceptar lo que es, la vida tal y como se le ha dado, el que se ha encontrado que es y que no acepta. Amarga dualidad entre algo que en nosotros mira y decide, y otro; otro que, llevando nuestro nombre, es sentido extraño y enemigo.

Mas también se manifiesta en la confesión el carácter fragmentario de toda vida, el que todo hombre se sienta a sí mismo como trozo incompleto, esbozo nada más; trozo de sí mismo, fragmento. Y al salir, busca abrir sus límites, transponerlos y encontrar, más allá de ellos, su unidad acabada. Espera, como el que se queja, ser escuchado; espera que al expresar su tiempo se cierre su figura; adquirir, por fin, la integridad que le falta, su total figura.

Estos caracteres definen la confesión, desesperación de sí mismo, huida de sí en espera de hallarse. Desesperación por sentirse oscuro e incompleto y afán de encontrar la unidad. Esperanza de encontrar esa unidad que hace salir de sí buscando algo que lo recoja, algo donde reconocerse, donde encontrarse. Por eso la confesión supone una esperanza: la de algo más allá de la vida individual, algo así como la creencia, en unos clara, en otros confusa, de que la verdad está más allá de la vida.

La confesión solamente se verifica con la esperanza de que lo que no es uno mismo aparezca. Por eso muestra la condición de la vida humana tan sumida en contradicciones y paradojas.

Todo lo que la confesión nos muestra es contradictorio y paradójico: la desesperación de sí mismo, la fuga del que quiere, al mismo tiempo que desprenderse de lo que es, realizarlo en una cierta objetividad. La vida del hombre muestra que en la confesión, no teniendo unidad, la necesita y la supone; muestra en su dispersión temporal que debe existir algún tiempo sin la angustia del tiempo presente. Muestra que siempre que se expresa algo es como una especie de realidad virtual compensatoria, y que la vida no se expresa sino para transformarse.

La confesión no es sino un método de que la vida se libre de sus paradojas y llegue a coincidir consigo misma. No es el único, pero sí tal vez el más inmediato, el más directo. Y tal vez no sea suficiente; no sea sino preparación, método en sentido estricto para algo que venga después, método en que la vida muestre, precisamente al ponerse en movimiento, su figura esencial y su peculiaridad más extrema.

La confesión cómo género literario no ha alcanzado igual fortuna en todas las épocas. Es algo propio y exclusivo de nuestra cultura occidental, y dentro de ella aparece en momentos decisivos, en momentos en que parece estar en quiebra la cultura, en que el hombre se siente desamparado y solo. Son los momentos de crisis, en que el hombre, el hombre concreto, aparece al descubierto en su fracaso.

Y así estas *Confesiones* manifestarán los géneros de fracaso que nuestra cultura ha soportado y algo tal vez más importante: los distintos anhelos, los profundos anhelos encubiertos por el arte, objetivados por la Filosofía, desteñidos en las épocas de indecisión y ocultos en la plenitud de los tiempos maduros. Pues cuando el hombre vive en una cultura madura, cuando ha hallado al fin una objetividad bajo la que habitar, la existencia humana en su desnudez se oculta.

Las confesiones

Primera confesión: San Agustín

Es san Agustín quien muestra la confesión en toda su plenitud y con una claridad que no ha vuelto a conseguirse. A su luz no sólo podremos ver lo que ella dice, sino estas otras confesiones truncadas de nuestro tiempo actual, pues que lo claro tiene la virtud de hacernos ver lo que no ha podido llegar a serlo.

Parte san Agustín de una enemistad habida entre él y la divinidad, es decir, la realidad suprema. Porque la vida puede estar de espaldas ante la realidad. Es la condición más típicamente humana y más alarmante de todas: cualquiera otra criatura es fiel a su realidad, vive anegada en ella. Todas menos el hombre, cosa que aparece más que en nada en las Utopías, esos sueños de volver a la unidad con una realidad en que encajarse. Nos sentimos como seres desprendidos, a medio nacer y a medio encajar en una realidad presentida que buscamos.

La Filosofía, la Teoría del Conocimiento, se plantea el problema de la realidad, como si fuese hallada en el conocimiento, cuando, en verdad, siempre se da por sabida antes de tenerla. La Religión, las religiones, muestran cómo el hombre ha dado por supuesta una realidad que no le era presente y cuya revelación buscaba. La Religión era como la compensación de la media realidad del mundo presente, y hasta la idea del ser significa que no tenemos suficiente con lo que encontramos, y necesitamos otra realidad encontrada por nosotros mismos, otra realidad para nuestro pensamiento. Pero la confesión, que lo es de la interioridad del hombre, manifiesta, por su parte, la busca de una realidad completa. Podemos sentirnos vacíos de realidad y aun enemigos de ella. La confesión parte de esta última situación, de sentirse enemistado. Todos los que han hecho el relato de su vida en tono de confesión parten de un momento en que vivían de espaldas a la realidad, en que vivían olvidados.

Porque esta enemistad es sentida como un olvido, como si al desprendernos de algo, olvidándolo, nos lanzásemos sobre lo que nos rodea. San Agustín, al ir a buscar la unidad, siente que ya la tiene de antes, que la recuerda. Para la vida, conocer es siempre recordar y toda ignorancia aparece en forma de olvido. Tal vez porque la memoria sea la manera de conocimiento más cercano a la vida, la que le traiga la verdad en la forma en que pueda ser consumida por ella, como apropiación temporal. La «reminiscencia» de que Platón nos habla puede ser producto de la nostalgia de la realidad presentida, nostalgia de lo que no se tiene ni se muestra. Nostalgia de una vida en unidad. La memoria sería la sede de este conocimiento, de este encuentro con la realidad total, porque ya entonces en ella no habría recuerdo ni olvido, sólo presencia.

Y cuando se la encuentra, siente que ya se la tenía de antemano. No se la podría dejar de haber tenido enteramente nunca, pues equivaldría a no haber sido en absoluto nada. «¿Mas cómo podría buscarte si ya no te tuviera?».

La realidad estaba ahí, pero olvidados de ella, vueltos de espaldas estábamos a la par en dispersión y confusión. «Tus palabras, Señor, se habían adherido a mis entrañas y por todas partes me veía cercado de ti».

Porque la realidad nos cerca y, sin embargo, hay que buscarla, no es suficiente con que esté o quizá no está sino cuando nos hemos colocado en situación de recibirla. Por esto, lo primero en san Agustín es la aceptación, aceptación sin condiciones, con que parece replicar a Job. No comienza pidiendo razones, no comienza por un acto de razón sino de aceptación. «No quiero entrar en juicio contigo que eres la misma verdad, ni engañarme a mí mismo, no sea que engañe a sí misma mi inquietud».

El entendimiento moderno llegó a su desrealización a través de un cierto racionalismo que pide cuentas, que comienza con la duda. La realidad entonces parece huir. San Agustín, en su confesión, huye de sí y acepta la realidad, por la que se siente cercado. No cabe negar el gran éxito que ha obtenido el entendimiento moderno en su inquirir a la realidad; ésta le ha arrojado ciertos secretos que le permiten manejarla, pero se la ha cerrado en otros, y difícilmente habrá habido nunca ser humano más desrealizado que el que ha sabido adueñarse de tanto resorte, y ejerce tanto dominio.

Porque san Agustín acepta la realidad desentendiéndose de sí, «arrojando su iniquidad». Mas ha sido para encontrarse a sí mismo, para recobrarse.

Y es que al encontrar la realidad nos encontramos a nosotros mismos, entramos en ella y, sin suponer nada parecido a ninguna identificación mística, lo cierto es que cuando entramos en esa realidad descubierta nos revelamos a nosotros mismos.

Job, más parecido a los filósofos, se enfrenta con la realidad interrogándola, pidiéndole razones. Se diferencia de ellos en que la pregunta no es objetiva, no tiene la objetividad de la Filosofía, que es su única salvación y sin la cual cae en caricatura de sí misma y tal vez en una existencia imposible. Job pregunta sobre sí y espera la respuesta de alguien; los filósofos no la esperan sino de sí mismos. Job preguntó sobre sí mismo, disparado por su desesperación, por su exasperada esperanza.

San Agustín está en la línea de Job, pregunta ante todo por sí mismo, pues se ha vuelto cuestión él mismo, se le ha hecho la vida imposible a fuerza de andar disperso entre las criaturas.

Por amor de tu amor hago esto trayendo a la memoria con amargura de mi corazón mis torcidos caminos pasados para que tú me seas dulce, dulzura sin engaño, dichosa y eterna dulzura, y me recojas de aquella disipación en que anduve dividido en mil partes, cuando apartado de Ti, Unidad soberana, me disipé entre las criaturas.

No se encuentra a sí mismo, pues anda extendido y entremezclado con las criaturas, es decir, con una media realidad que no le sirve. Es un hombre a medio hacer que anda entregado en unas criaturas que tampoco son, pues no se le ofrecen con los caracteres del ser: firmeza y claridad. Pero tampoco puede ensimismarse. «Estrecha es, pues, el alma para contenerse a sí misma». El alma no puede estar en sí, pues en la vida está el salir de sí, el no bastarse a sí misma, el ser trascendente. La dispersión es el amor frustrado, el afán de trascender frustrado también.

Cómo busca hacerse visible

Su manera de dirigirse a la realidad soberana es ofreciéndose a ella, con hambre de ser visto, «para que tú me veas y me recojas». Y esta acción de ofrecerse a la mirada divina es lo que constituye propiamente la confesión en san Agustín. Es la réplica a Job. Y es también la iniciación de un camino de salvación profundamente distinto de la filosofía, aunque luego san Agustín resulte un filósofo. Pero él filosofará ya de manera distinta de como lo hicieran Platón y Plotino, de quienes recoge sin embargo tanto. Él no se ha salvado por la Filosofía, sino por haberse encontrado bajo la luz. El entrar en la luz, el mostrarse abiertamente de la confesión, es lo que verifica la conversión, lo que hace que nos sintamos desprendidos de aquel que éramos, del traje usado y gastado. Cuando tal se hace, es decir, cuando propiamente se emprende el relato de nuestro ayer que constituye la confesión, en realidad ya la confesión ha logrado su fin. Es lo que ha causado el desencanto de tanto lector curioso que se lanza sobre las Confesiones ávido de leer sucesos de escándalo, de escudriñar interioridades del prójimo; bien pronto se retira desilusionado al no hallar las «intimidades» esperadas. Y todavía por algo más: porque la confesión, al ser leída, obliga al lector a verificarla, le obliga a leer dentro de sí mismo, cosa que el lector curioso no quiere por nada, pues él iba para mirar por una puerta entreabierta, para sorprender secretos ajenos, por una falta de precaución, y se encuentra con algo que le lleva a mirar su propia conciencia. La confesión literariamente tiene muy pocas exigencias, pero sí tiene ésta de la que no sabríamos encontrar su receta y es ser ejecutiva, llevarnos a hacer la misma acción que ha hecho el que se confiesa; ponernos como a él a la luz.

Es el momento en que la vida comienza a ser aclarada: y ya no haría falta el que las culpas sean contadas. San Agustín lo advierte, y así él mismo se extraña y pregunta: «¿Pero a quién cuento yo estas cosas? No ciertamente a Ti, Dios mío, mas en tu presencia las cuento a mi linaje, el género humano, por pequeña que sea la parte de él que pueda leer estas páginas». Y es que la confesión tiene lugar en el instante mismo en que alguien se descubre, verificando así el movimiento contrario a aquel de la salida del paraíso, cuando Adán, avergonzado, se escondió ante la voz divina. Ahora, lejos de esconderse, se descubre, «trayendo a la memoria con amargura de mi corazón mis torcidos caminos pasados para que tú me seas dulce, dulzura sin engaño, dichosa y eterna dulzura».

Y esto explica lo somero de una confesión como la de san Agustín, a la que podría tacharse de falta de sinceridad. Pero no es la sinceridad lo que va a justificarla, sino el acto, la *acción,* de ofrecerse íntegramente a la mirada divina, a la mirada que todo lo ve, mirada que ciertamente siempre puede vernos, pero que andamos eludiendo, pues lo importante en la confesión no es que seamos vistos sino que nos ofrezcamos a la vista, que nos sintamos mirados, recogidos por esta mirada, unificados por ella.

No sería de otra manera explicable por qué san Agustín se detiene en cosa tan fútil como el robo de unas peras cuando muchacho y pasa por alto cosas más graves que, sin malicia de ninguna clase, cabe suponer cometiera más tarde. Hurto del que nos queda, como una impresión de agua refrescante, la risa, aquella risa inocente en la tarde mediterránea, aquella risa de animal pequeño que juega sin malicia, y que sin poderlo remediar seguiremos oyendo en el fondo de todas las culpas de san Agustín: amor a la vida, juego, risa en los huertos, nada que fuese pecado si él no hubiera nacido para otra cosa.

No; no hacía falta el relato de sus culpas, su «amarga memoria» que está como intercalada, como si fuese solamente un «no me duelen prendas», pero que no constituye la confesión misma que ha sido hecha cuando se dispuso a hacerla, porque ya había ejecutado aquella acción contraria a la del Paraíso, ya se había descubierto, única acción que el hombre ha presentido –aun al margen del precepto de las iglesias– que podía borrar el pecado original, que podía ser la señal de retorno al lugar de donde salimos al cubrirnos. Todo el que hace una confesión es en espera de recobrar algún paraíso perdido.

El corazón

Pero san Agustín sabe que el retorno al Paraíso no es posible; está ahí la tierra, la vida, su mismo corazón inagotable, y todo él acabado de nacer. Ahora es cuando se reconoce entero; ha entrado en sí. «Y en cuanto a mí, mi Bien es estar unido a Dios, porque si no permanezco en Él, tampoco permaneceré en mí» (Libro

VII, XI, 17). La vuelta al paraíso perdido lo anularía, cosa que él jamás se propuso. Al contrario, ahora ya puede amar infinitamente, amar sin temor a dispersarse. La realidad encontrada es la Unidad soberana, es decir, la que es tanto objeto de su mente como término de su amor. Ya no tiene que andar partido en mil pedazos. Ha encontrado la unidad de su vida.

Lo que separará siempre el camino de san Agustín del camino de salvación formulado o implicado por la Filosofía, es este género de amor. Ser o no ser filósofo es más que nada una cuestión amorosa. El corazón del filósofo ha sido arrancado de la dispersión por la violencia del entendimiento que anula las pasiones. El corazón del filósofo se parece más al corazón del sabio oriental; ha llevado su corazón a la luz, ha hecho su corazón órgano de la luz. «El sabio utiliza su corazón como un espejo» (Libro VII, 6, *Zhuang Zi*).

Porque la salvación del corazón parece consistir en hacerle entrar en la luz, el convertirlo hacia ella. Platón, cuando habla de la conversión en el *Fedro*, dice que primero se volverá el ojo y en seguida la cabeza y luego todo el cuerpo. Y es que todo camino de salvación, aunque sea filosófico, trata de convertir el corazón. La confesión lleva en su centro esta cuestión, verdadera cuestión previa; pues si la filosofía, como camino, arraiga, no podrá ser sin haber conquistado de alguna manera al corazón.

San Agustín no pudo, a pesar de su platonismo, seguir el camino platónico; su corazón no pudo aceptar la trasmutación del amor platónico. Amor que conduce a la inmortalidad del alma, tan análoga a la de las ideas. Pero él no se deja enamorar por la inmortalidad; su hambre es de vida. No le vencerá el Dios de la filosofía, el Dios del ser y de la inteligencia. Su corazón no se conforma sino con la vida eterna, vida en que nada se pierde, ni a nada se renuncia, vida verdadera en la luz.

El otro camino para la reducción del corazón, anterior a la Filosofía, anterior a la trasmutación del amor platónico, es todavía más exigente que él. Es dejarlo vacío. En la Filosofía moderna solamente Spinoza se preocupó por ello. Es el camino del sabio oriental que utiliza el corazón como espejo, como servidor de la objetividad. Y el método para llegar a ello, el mismo sabio nos lo dice: «Yan Hi dijo: «¿Podría saber qué es el ayuno del corazón?». Kung-Tsé dijo: «¡Tu objetivo sea la Unidad! No oigas con el oído sino con la conciencia; no oigas con la conciencia sino con el alma. El oído no puede hacer otra cosa sino oír, la conciencia no puede hacer otra cosa sino comprender. El alma ha de estar vacía y preparada para recibir las cosas. El sentido es quien puede reunir lo vacío. Este estar vacío es el ayuno del corazón». Ayuno del corazón que es una conversión amorosa, a la manera de la cortesía oriental, aniquilándose para dejar todo el sitio al huésped esperado, a la entera realidad.

Pero san Agustín quería persistir en su amor, no transformarlo. No le servía ni el «ayuno del corazón», ni el amor platónico. No quería transformar el amor, librarse de él. El amor platónico es hacer que el amor se convierta hacia lo universal, dejando propiamente de ser amor cuando llega, como buen intermediario que es. San Agustín pertenecía a otra clase de amadores distinta de los que ansían la liberación y el apagamiento. No quiso recobrar su corazón sino hacerlo enteramente esclavo; tan sólo quiso buscarle su verdadero dueño.

No es el corazón hecho espejo que refleja el mundo, sino el corazón transparente lo que quería; el corazón atravesado por la luz, viviendo en la luz. Es una luz viviente, la luz misteriosamente viva del Mediterráneo, cuyas Religiones todas, nos atrevemos a decirlo, unifica, genio religioso que ha hallado lo que tanto mito disperso, lo que tanto misterio más o menos oscuro apetecía en una revelación que la contiene porque la sobrepasa. Religión de la vida en unidad, es decir, eternamente viva, de la vida y del amor eternos. Su verdad, su Dios, no era el del pensamiento puro, ni el de la misericordia infinita, la zarza que arde sin consumirse y cuya luz es la razón; era la unidad sobrenatural de vida y verdad. Como Dios de la vida no podía anular el corazón, y el corazón no persigue la libertad, vive en esclavitud, en enajenación; el corazón vive siempre en otro. Y su unidad, la unidad de la vida, es la vida eterna, no la vida trasmutada en inmortalidad.

La unidad del amor consigue su eternidad y con ello se han disipado de una vez el horror del nacimiento y el horror de la muerte, que junto con la injusticia son los elementos de la pesadilla de la existencia.

La acción

El otro elemento de la pesadilla es la injusticia del mundo, la confusión entre los hombres. Confusión, iniquidad de que Job se queja con tanta amargura y que es ante todo no ser entendido por ellos. Se queja de que Dios le haya hecho extraño a sus semejantes. «Hizo alejar de mí a mis hermanos y positivamente se extrañaron de mí mis conocidos» (cap. 19, 13). «Todos mis confidentes me aborrecieron y los que yo amaba se tornaron contra mí» (cap. 19, 19).

En la pesadilla de la existencia nos sentimos aislados, sin posibilidad de comunicación; como en las pesadillas llamamos y no nos oyen. De ahí a sentirnos perseguidos no hay nada. Y en el fondo del ánimo europeo de los últimos tiempos está la manía persecutoria; manía persecutoria originada, más que por ningún «choc» físico ni psíquico, por la tremenda situación de aislamiento, por el hermetismo que se había enseñoreado de la vida.

Entonces la acción se hace imposible. Porque la acción, es cierto, crea una realidad, pero no puede partir de la nada, entre humanos, ni de un aislamiento tan complejo. Mientras nos sintamos solos no podemos actuar; toda acción nacida de la soledad es anarquista, es decir, violenta y destructora. Acción típica del hombre moderno perpetrada sin haberse reconciliado consigo mismo, sin haber entrado en realidad. Acción precipitada, nacida de un corazón oscuro. Es la acción revolucionaria que en los casos mejores ha surgido del anhelo de salir de la soledad, de encontrar la realidad. Acción propia de adolescencia, de esa época en que las esperanzas se precipitan. Y ha sido nuestra característica, la característica de nuestra vida que nos debería llevar hasta hacer nuestra confesión: haber actuado –nosotros, europeos–, tras veinte siglos de cristianismo y otros más de Filosofía, como unos adolescentes, de habernos entregado a la acción para salir del hermetismo de nuestro corazón abotagado, de haber cedido a la tentación de precipitar lo que aún no estaba maduro en el tiempo, ni quizá lo llegue a estar nunca.

Es el crimen que dibuja la novela moderna más típica –la de Dostoievski– verdadera confesión de nuestro tiempo. Crimen de querer violentar al destino, a la divinidad, forzándola a entregarnos la soñada meta, eludiendo nuestro esfuerzo pausado. Crimen de eludir la acción verdadera y saltar sobre el camino, borrando la historia. Porque el hombre moderno, al tener una mayor conciencia de su historia, ha querido salirse de ella por la utopía revolucionaria.

La acción verdadera solamente puede brotar del yo originario del que está en claridad y unidad, del «corazón transparente». De un corazón disperso nace su caricatura: la inquietud. «Inquieto está mi corazón». Pero antes del descanso definitivo, está la acción, que es la inquietud transformada, la inquietud convertida, transciende, pues.

San Agustín, tras de su confesión, no se sumerge en la felicidad presentida, en el Paraíso soñado. Le espera el trabajo, la acción verdadera: la vocación. Porque ya ha encontrado a sus semejantes, los ha encontrado dentro de sí mismo. Ante ellos se ha confesado, les ha hablado desde lo más íntimo a viva voz, y cuando ha recibido la verdad la ha recibido también ante ellos, y por ellos. Ha entrado en la realidad. Y si la realidad se busca en la soledad, si se la persigue en ensimismamiento, no se la encuentra sin contrapartida. Nadie la encuentra para sí solo; encontrarla es ya comunicarla. No es posible guardar una verdad en realidad para uno solo; pues cuando se encuentra, se encuentra ya compartida.

A lo largo de las *Confesiones* se ha preguntado por qué decía lo que decía, ha insistido en que quería abrir su corazón ante los hombres. «Pero ¿a quién cuento yo estas cosas? No ciertamente a Ti, Dios mío; mas en tu presencia las cuento a mi linaje, el género humano, por pequeña que sea la parte de él que pueda leer estas páginas» (Libro II, III, 5). Ha querido hacerse también trasparente a los demás hombres: les ha dicho primero lo que fue «cuando andaba derramado por las criaturas» y ahora quiere decir lo que es, quiere mostrarles el hombre nuevo recién nacido: «¿Con qué fruto, pues, Señor mío... con qué fruto, demando, confieso delante de Ti a los hombres por medio de este escrito lo que actualmente soy, no lo que fui? Porque ya hemos visto y dejado consignado el fruto de confesar lo que fui. Pero quién sea yo en este preciso tiempo de mis confesiones lo desean saber muchos que me conocieron, pero que no me han conocido, porque si han oído algo de mí o a otros de mí, no pueden, sin embargo, aplicar su oído a mi corazón, donde yo soy tal cual soy. Quieren, pues, oír por confesión mía qué soy interiormente, allí donde no pueden dirigir la vista ni el oído, ni la mente. Sin embargo, están dispuestos a darme crédito, ¿acaso lo están por conocerme? Porque la caridad que les hace buenos les dice que yo no miento en mi confesión sobre mí, y ella es la que da en ellos fe de mí» (Libro X, III, 4)˙

Cuando se cuenta con la fe de los demás, con el crédito que nos dan, el hermetismo se ha roto. Mientras se vive en una situación hermética todos los intentos de comprensión entre semejantes se realizan apelando a razones; en virtud del por qué y el para qué; nos pide cuentas el prójimo y tenemos que dárselas. Y las razones no operan, no unen, si no es sobre la confianza; la razón en la vida no funciona más que sobre algo previo, fe, confianza, caridad.

Y sólo a partir de este entendimiento, de este crédito –«la caridad todo lo cree», repite san Agustín, según Pablo (Cor. I, 13, 7)–, es posible la comunidad con los demás. Y solamente a partir de esta comunidad es posible la acción. La acción verdadera que brota de un corazón transparente y que para ser efectiva, para realizarse, necesita ser también transparente ante los demás. Ser transparente es ser creído, ser mirado en caridad.

De ahí que la acción quede frustrada tantas veces; pues aun la nacida de un corazón limpio puede quedar truncada, si este corazón no ha sido aceptado por los hombres coetáneos. Y es el mayor tormento, tal vez, reprimir la acción, encubrirse sabiéndose transparente o casi transparente, pues cuando los demás no comparten, aunque sea en un grado mínimo, la transparencia, les causa sólo rencor. Un san Agustín de hoy, o de otros tiempos, tendría que esperar quizá, tendría que guardar silencio y desde luego que no actuar, pues no contaría con el crédito, con los oídos deseosos de aplicarse a su pecho, con la avidez caritativa de sus coetáneos.

Y es la mayor tragedia, porque si en la confesión se parte de la soledad, se termina siempre como san

Agustín en comunidad. La verdad es compartida siempre. «Ame, pues, en mí el espíritu fraterno lo que Tú enseñas se deba amar, y duélase en mí de lo que enseñas se debe doler... Me manifestaré a estos tales: respiren en mis bienes, suspiren en mis males... y el himno y el llanto suban ante la presencia de los corazones fraternos, tus incensarios» (Libro X, IV, 5).

La acción ha sido descubierta, en suma, sobre la caridad, sobre la vida trascendiendo hacia el prójimo y recibida por la de él, que salía también a buscarla. Única acción verdadera, que por eso se llama «vocación», porque es llamada, y no sólo desde lo alto, sino desde los lados: llamada de los prójimos nuestros hermanos. La vida deja de ser pesadilla cuando se ha restablecido el vínculo filial, cuando hemos encontrado al Padre, pero también a los hermanos; cuando podemos contestar a la tremenda pregunta: «¿Qué ha sido de tu hermano?». Cuando la pregunta no necesita sernos siquiera dirigida, porque aparecemos yendo de su mano. La acción precipitada sin ser transparente para el hermano, sin contar con su caridad, por puro que sea en su origen, desata la violencia y el crimen, la guerra cainita.

San Agustín ha desvanecido el terror del hombre antiguo, desamparado y desfraternizado. Ha deshecho la pesadilla de la existencia, pues que se alegra de haber sido engendrado: «Niño pequeño soy, mas vive eternamente mi padre». No teme a la muerte. «Cuando yo me adhiera a Ti, con todo mi ser, no habrá ya dolor ni trabajo para mí y mi vida será vida llena toda de Ti»» (Libro X, XXVIII, 39). Y ha encontrado a sus hermanos... La vida se ha hecho posible.

II

Lo peculiar de la Confesión de san Agustín es la creencia que le ha obligado a hacerla. Aparece en varios lugares, pero más claramente en el Libro X, 34, donde se lee: «Así, así también, así el alma humana ciega y lánguida, torpe e indecente, quiere estar oculta, no obstante que no quiera le esté nada oculto. Mas lo que le sucederá es que quedará descubierta a la verdad sin que ésta se le descubra a ella».

Esta certidumbre ha podido ser lo que determine su singular manera de comportarse frente a la verdad. Pues ¿no es extraño que para alcanzarla, habiendo conocido la filosofía de las Escuelas, con su promesa de verdad última y completa, se le ocurriese repasar su amarga memoria, partiera en un viaje tan distinto del que los filósofos hacían recorrer?

Pues los filósofos partían en busca de la verdad sin que pensaran que tenían antes que mostrarse a sí mismos, que descubrirse para descubrir. No podemos achacarlo a falta de meditación sobre el hombre. La «naturaleza humana» había sido descubierta y pensada hasta la perfección virtuosa por los estoicos, conocidos por san Agustín, aunque sea de notar la poca afinidad que con ellos parece tener; en su recorrido por las Escuelas no hace posada en los soportales del estoicismo. Pero estaban ahí los neoplatónicos donde tan prendido quedó y que no pudieron, sin embargo, retenerle. No deben ser las más importantes de sus nociones, que luego toma, sino esto mismo, que le ha llevado a hacer su confesión, descubriéndose, hablando de sí con gesto tan escandaloso, tan herético para el mundo antiguo. No era inédita la meditación sobre el hombre en tiempos de san Agustín. Muy al contrario, los neoplatónicos habían hecho el centro de su filosofía de esa vida feliz, contemplativa, que solamente por ella se alcanzaba.

Y es que parece ser una y la misma la razón que le hizo a san Agustín andar de Escuela en Escuela, sin poder morar definitivamente en ninguna, y ésta que le hace hacer su confesión. Su creencia de que solamente descubriéndose a sí mismo se llega al descubrimiento de la verdad. La verdad para los filósofos era cosa de la mente, de la razón. La vida de quien la alcanzaba quedaba modificada radicalmente. Platón,

Aristóteles, Plotino nos lo dicen, y los estoicos por otro lado. La modificación, según los primeros, era una aniquilación, la consunción de la vida instintiva anímica, de la vida en tanto que es pasividad, padecimiento. El intelecto activo era la realidad más actuante que hacía del sabio que lo ejercitaba algo que se bastaba a sí mismo, impasible, eterno, en suma, participante de la divinidad; «la Filosofía es lo más divino», dice Aristóteles. Lo que quedaba del hombre que había conseguido su ejercicio no era propiamente nada, nada por salvar, pues hasta el amor que Platón definiera era dios transitorio, un mensajero que, llegado a su término, cesaba en su oficio.

El ser humano era así engendrado realmente por la actividad filosófica; la filosofía de preparación para la muerte lo era para el nacimiento, pues el ser inmediato en que nos encontramos es de naturaleza tan contradictoria, tan sin entidad, como las cosas en su apariencia. «La sensación me hace otro», dice Platón en el *Teeteto*, pero este otro tampoco permanece; sólo el que conoce lo que es permanecerá porque él es de la misma manera. Mas, el ser se asimilaba por entero a lo inteligible, se convertía en objeto del mundo inteligible. Y la actividad filosófica se hallaba cumplida en el instante en que del hombre de cuerpo y alma salía una forma pura incapaz de padecer, sustraída al cambio, desprendida y liberada de sus propias entrañas –cuando el sujeto, dejando para siempre de serlo, ingresaba en la objetividad del mundo inteligible y eterno–. Tal era el verdadero motivo por el cual no podía surgir la confesión entre los filósofos; el conocimiento, al cumplirse, nada dejaba ya de la vida pasiva de la pasión en todas sus formas. Si san Agustín, el Africano, no fue un filósofo más de los neoplatónicos, fue porque no pudo aceptar esta trasmutación aniquiladora, esta verdadera consunción en la pura objetividad. Por eso se ofreció al descubierto; la verdad que apetecía tenía que acogerle entero. Era su vida transfigurada, recobrada su verdadera figura; no el ser inmutable, sino la vida verdadera.

En su Confesión se ha transformado recobrándose; ahora es. Y su ser se levanta sobre un punto de identidad. Tal era y sigue siendo el problema. Nuestra vida corre dispersa y confusa, por los anhelos y por el tiempo. Llegar a ser, sólo es posible logrando la unidad. La unidad de los neoplatónicos era la unidad misma del ser de lo inteligible. La unidad que san Agustín busca y halla es otra propia de la vida, unidad en que la vida recobra su figura, su figura aun debajo de su opaca máscara, como en un palimpsesto.

No es un punto de identidad, sino un centro que confiere la unidad de otra manera. Esto sí que era imposible de concebir por un filósofo clásico, que existiese algún otro género de unidad distinta de la identidad y de la armonía. Pero hemos de examinarlo un poco. En realidad son dos los modos de unidad que los filósofos concibieron para el ser humano: ésta de la identidad del ser en su forma pura inteligible, identidad de la idea, y la unidad de armonía de los estoicos, unidad de medida casi musical, en que la actividad es incesante para mantener la inmovilidad aparente, como una estatua hecha de un tenue fuego. Medida, armonía que sujetaba a las pasiones y aquello otro más dramático que cualquiera pasión: el fluir del tiempo. El estoicismo era un arte de reunir el tiempo, de una manera sumamente curiosa en que Séneca fue el mejor maestro; acallando otra cosa en que parece que el tiempo se siente: esa interioridad delicada, origen de los dolores más atroces, eso que parece ser el fondo último del corazón que san Agustín hace transparente. Unidad parecida a la música callada que suaviza y aduerme, que puede ser hasta un anestésico no más, hasta un piadoso engaño.

Y al fin, esta unidad de medida descansaba en la semejanza con el fuego central, con la divinidad de Heráclito en que habíamos de caer como una centella que se reintegra a su hogar, centella sin cuño ni imagen propios, sin singularidad, sin interioridad devuelta ni transfigurada.

La unidad de identidad reposaba a su vez en el ingreso en el mundo inteligible, en la transformación en objeto, en eso que hemos vislumbrado a distancia, ayudados con la reminiscencia; reminiscencia que es nostalgia y «recuerdo del olvido», que san Agustín diría.

Ninguna de estas maneras de unidad es la que san Agustín encuentra dentro de sí, acabadas sus *Confesiones,* realizado el acto de ponerse de manifiesto, de descubrirse. Es un centro, sí, un fondo, una interioridad sin límite, donde la verdad habita siendo ella misma, sin dejar de ser interior. Sin salir de sí, con sólo ponerse al descubierto, la verdad ha sido encontrada en un lugar inaccesible, invulnerable, en un lugar donde ningún padecimiento llega, donde ni el rastro terrible de la culpa primera ha podido arrojar su sombra: pozo de agua clara y quieta, donde la imagen reflejada no se imprime desde fuera sino desde más allá de sí, imagen que no es retrato sino la verdad misma, ella misma, aunque no del todo, visible e inalcanzable mientras estemos cubiertos por el tiempo. Y el tiempo mismo se va a transfigurar; no hay que acallar nada, ninguna pasión estorba, nada que se nos haya dado ha de aniquilarse. La verdad mora en el interior del hombre no en imagen, no en reflejo, sino en realidad, aunque tan inmensa realidad no pueda ser ni vista ni imaginada, ni pueda sernos presente.

La figura del hombre nuevo

El alma se ha vuelto a su interioridad; en su centro se ha encontrado ese punto de identidad, eterno e impasible, que está dentro del mismo hombre, que no lo arrastra fuera de sí, a ser objeto del mundo inteligible. La ansiada unidad se logra de otra manera, es otro género de unidad en que la vida ha tomado por virtud de este interior centro los caracteres del ser verdadero; es verdadera y es eterna.

Nace el sujeto, eso que nombramos «yo». En realidad hemos adquirido nombre, nombre propio. «Todo aquel que se vuelve hacia Dios recibe un nombre propio, eterno» dirá siglos más tarde el místico Ruysbroeck. Se es ya uno para siempre.

Mientras el alma ha estado sin este centro, no ha podido ser conservada. Es la lección terrible que se desprende de la filosofía en las nociones del hombre que ha engendrado, en los caminos para ser hombre que recorrieron. El alma había de ser abandonada o consumida, aunque no se dijera en toda ocasión, y quien no estuviese dispuesto a esta tremenda trasmutación, por la vía platónica o aristotélica, al aplacamiento del estoicismo, había de renunciar a salvarse por la filosofía. Mas ¿qué otra cosa había para el cansado de andar en el tráfago de los acontecimientos, para el asfixiado, para el hombre sin más, necesitado de un camino para lograr su ser? La humillación debía ser terrible, puesto que las cosas eran; el ser de las cosas, el de la naturaleza, estaba establecido. El hombre que no pudiese lograr el suyo tenía que sentirse doblegado ante ellas, esclavo. Esclavo también y más aún de lo que dentro de sí estaba, sin figura y sin sostén, sin firmeza.

Este hombre renacido ya no es el que andaba desnudo, disperso o ensimismado. El alma pura es alguien que en su transparencia refleja una imagen, algo cuyo ser está impreso, sellado; tiene una figura. El espejo de la vida refleja en sus aguas quietas la imagen misma del misterio más alto, el de la Trinidad.

En el cap. 26 del Libro XI de la *Civitas Dei,* habla de la imagen de la Trinidad en el hombre, y sin perder su carácter de misterio, forma parte de ese instante de evidencia de que parte toda su obra.

Y esto nos hace preguntarnos: ¿Es que toda confesión ha de acabar en una evidencia, y es que el hombre nuevo que renace de la Confesión, de cualquier confesión, no anda ya desnudo porque tiene forma y figura; en suma, es un hombre completo, como aquel otro que vagaba errante o confuso fuera o dentro de sí, que *dentro de sí cabe también vagar?*

La evidencia

No sabemos aún si el fruto de toda confesión es una evidencia. Pero sí es sabido que en el comienzo de toda época, en la salida de toda crisis, aparece una evidencia y sólo por ella se sale. ¿Qué es lo que hay en la evidencia?

Si la Confesión la produce, habrá adquirido el carácter de Método. Y la evidencia es el fruto de este método; muestra el carácter que ha de tener la verdad, la verdad de la que puede vivirse.

Porque esta evidencia es el punto en que la verdad, una verdad de la mente y de la vida, se tocan. La verdad de la evidencia se impone y al imponerse produce seguridad, certidumbre. Es a la vez firme y transparente.

La evidencia es el nombre filosófico de algo que en la mística se llama «revelación». Es la presencia indudable de una realidad; una aparición. Mas la realidad es de tal manera, que produce una huella o modificación en quien la recibe.

Ortega y Gasset en su estudio sobre *Ideas y creencias* afirma que la realidad se nos ofrece en las creencias. «No vivimos de ideas sino de creencias». Pero tampoco podemos vivir sin ideas, pues, de ser suficientes las creencias, jamás se hubiera pensado. La creencia nos ofrece una realidad, es cierto, mas esta realidad –dice Ortega– es confusa; en cambio, las ideas, «hijas de la duda», son transparentes. Y esta condición de ser transparentes a la mente es lo que hace que las precisemos.

A la espontánea opacidad del corazón humano, corresponden, pues, las creencias. No nos basta que haya realidad en la que «vivimos, nos movemos y somos»; necesitamos que esta realidad se haga, al menos en un punto, transparente. Es la revelación de la realidad lo que en Filosofía se ha llamado «evidencia». La

Filosofía griega no parece haber necesitado una evidencia como punto de partida en el sentido de san Agustín y de Descartes. Tal vez bajo ella hubiese alguna creencia por sí misma transparente y más que salir de la duda parece que una fe se revelase en ellas.

La evidencia parece haber nacido como respuesta a una duda más profunda.

La verdad griega supone la sumisión de la vida y por eso no necesita de confesión. La confesión ha surgido en busca de una verdad que aplaque a la vida y la reduzca, que la someta. Y la evidencia parece ser la verdad en forma asimilable por la vida; algo que participa de las creencias y de las ideas. Como la creencia, nos ofrece seguridad y, como la idea, es transparente a la mente. Y todavía algo más: el haber sido hallado por ella. Pues parece que la mente sólo se satisface con lo que ella misma ha encontrado.

Mas, cuando esta evidencia, creencia que se hace inteligible, surge, muestra algo que ya estaba. Se trata de [un] redescubrimiento. No es una verdad nueva, sino una forma que toma algo que ya se sabía, y que ahora penetra en la vida moldeándola; es algo que antes no operaba y que ahora se ha vuelto operante. La evidencia suele ser pobre, terriblemente pobre en contenido intelectual. Y sin embargo, opera en la vida una transformación sin igual que otros pensamientos más ricos y complicados no fueron capaces de hacer. Y de ahí que aparezca como el final de una confesión, como su logro intelectual. Y aún tiene algo más que la hace asemejarse al fruto de una confesión, y es la transformación que ejerce sobre el mismo conocimiento; abre el ánimo a la confianza. La verdad que aparece en la evidencia es punto de partida de un método por dos razones: una, porque esa realidad que ha asomado en la evidencia tiene una cierta estructura, pues es una cierta realidad. Y otra, tal vez la menos visible, pero la más actuante, porque aquel en quien ha brotado ha quedado abierto a la confianza.

Por tener esta condición última, por producir una apertura o ensanchamiento en ese fondo último de la confianza, la evidencia es fecunda. Pues debajo de las creencias, y como tesoro inagotable del que se forman, está la confianza. Por la evidencia, esta confianza en trance de asfixia sale a luz.

¿Tuvo el *cogito* cartesiano el carácter de ser encontrado por la confesión? ¿La «duda metódica» será algo análogo a una confesión? Al pronto, parece que la contestación sería afirmativa, pues que la vida cambió. Comenzó un intento de vivir adecuadamente con esta dimensión de la razón reafirmada. Y sobre todo se engendró una creencia nueva en la realidad que había aparecido: el yo; creencia que había de estar siempre en el fondo de toda justificación: la conciencia, la originalidad de la conciencia propia. Bajo este título quedó acotada la realidad hecha presente en la evidencia cartesiana y a ella habría que recurrir para todo lo dudoso, de ella emanarían las razones actuantes y aun lo más rebelde e irreductible tendría que ser, al menos en apariencia, a ella reducido. Toda realidad, todo objeto o pretensión de objeto, habría de ir a buscar su última justificación en una inmediatez de la conciencia. Actos de conciencia y en su centro último, como unidad última e interior, el yo, el yo en soledad.

El hombre nuevo que irá a surgir ya no se sentirá hijo de nadie. Irá perdiendo la memoria de su origen y se irá sintiendo cada vez más original. Soledad inaccesible a la filiación y que en su desamparo le forzará a hacer algo para sentirse creador, a que la acción que ejecute lleve evidencia de su condición creadora. Y para la creencia en la creación humana se tendrá –como no podría ser menos– a la vista, aun sin decirlo, la creación divina, es decir, desde la nada.

Porque tendrá que crear, para romper el cerco de esta soledad que se le ha dado como espacio de su conciencia. Si la evidencia de san Agustín descubrió la imagen de la Trinidad dibujada en un alma transparente, en este nuevo encuentro del hombre consigo mismo, se borrará lo que es copia, reflejo, imagen; quedará la desnudez humana. La soledad no es punto de partida, sino de llegada. La soledad es, en realidad, la nueva evidencia o lo nuevo de esta evidencia. De mi existencia, ya sabía, también de mi conciencia, pero las dos cosas –una sola– se habían vivido ligadas a algo. La revelación de que existo y pienso se había dado en conexión con algo. El *cogito* es la proclamación de la soledad humana que se afirma a sí misma.

Y poco importa que Descartes afirme todo lo tradicional: Dios y los misterios expresados en la teología, la razón, hasta la familia y el orden social constituido. Ya no reposarán sobre los antiguos cimientos; el orden, aun llamándose lo mismo, será otro orden: la revolución está hecha.

La soledad humana ha nacido. Es la confesión inversa a la de san Agustín, quien se sintió solo en su dispersión entre las cosas. Descartes se retira de ellas. Se retira a echar cuentas de quién es y, hallado que es conciencia, sólo admitirá de la rica realidad del mundo lo que a ella se avenga; va a sujetar al mundo y sus riquezas a su medida humana. La nueva creencia será transparente y firme, pues que es una evidencia, pero irá eliminando todo lo que no sea reductible a ella. Los misterios ya no cuentan y del hombre desnudo se ha borrado toda imagen; ya no es copia, es el mismo original. ¿Cuál será la suerte de esta soledad revelada y aceptada como un tesoro inagotable?

De la originalidad a los abismos del corazón

Esta soledad comporta que el hombre sea un universo único, extraño, casi incomunicable. Porque esta soledad no es la soledad adventicia de la que se sale una vez que algo perdido ha vuelto a hallarse. Es la soledad metafísica subsistente, la soledad que se confunde con el propio ser.

En el mundo antiguo la soledad se manifiesta en forma de queja. Y es algo raro, que sólo al triste le sucede; estado pasajero que no llega a ser «morada», según el lenguaje preciso de los místicos distinguirá más tarde. Y no era forzoso el recordarse de ellos, pues que los místicos hacen de la soledad una vivienda del alma, mas no permanente. Ibn Arabî, el místico, hacía de la «soledad» una morada, porque el alma había de cerrarse a todo, en perfecta desolación antes de restituirse a su puro origen. La soledad, como todas las moradas de los místicos, era una estación de paso. Su diferencia con los «estados» –esos «estados del alma» abusados en el post-romanticismo– estriba en que tienen realidad, en que transforman realmente el alma. Pues las estaciones en este camino no consisten en un mero pasar por ellas, sino en sucesivas y cruelísimas transformaciones.

La soledad hallada por Descartes es, no un estado ni una morada, sino el ser mismo del hombre; su condición, por eso, es un descubrimiento metafísico. Y hay que insistir: Descartes no partió de la soledad; llegó a ella, fue su hallazgo; la «nueva revelación».

Es la revelación pareja, que corre paralela y sostiene en su analogía al descubrimiento del método. La situación es muy curiosa: la evidencia se ha escondido y el producto ya no tiene unidad, inversamente a la evidencia de san Agustín. La cultura moderna nacerá sin unidad, es hija de esta escisión; esta falta de unidad, lejos de ir en su busca, la ha escondido. Es hija del análisis, de un análisis genial practicado en el centro mismo de esa cultura. «Que soy, que me conozco y que me amo», decía san Agustín, partiendo del engaño.

Mas, que soy, que me conozco y que me amo forman una unidad indisoluble, unidad preciosa de la existencia, de la mente y del corazón, que ha de estar siempre en la base de todo conocimiento, de todo «método». Es la evidencia cartesiana; el método y la idea del hombre sobre sí mismo se disocian. La soledad es, tiene que ser, la existencia misma del hombre, pues queda sin camino. Y la unidad de vida y conocimiento se ha roto.

Mas, aunque no quiera esta extirpación, al fin habrá de someterse a ella; el método será lo legítimo, lo legal, lo vigente.

Descartes no ha realizado una confesión como parecía, aunque fuese simple confesión de la mente, sino un análisis genial; ha operado una disociación, ha encontrado la coyuntura de la razón al insertarse en la vida. Y la ha librado de ella. La razón caminará más aprisa que nunca, por esta su libertad, pues lo libre no es el hombre sino tan sólo su conocimiento.

Lejos de todas las cosas y con el único camino para llegar a ellas, que es mi conocimiento, lejos, cada vez más mínimo, abandonado el mundo, la totalidad de mi ser.

La unidad de este hombre, si la hubiera, habría de ser la unidad del creador, del ser que crea con su razón. Conocer enteramente sería conocer en *statu nascendi*. Conocer las cosas en su composición interna, en lo que aún no son, en sus elementos. Y el ser que conoce lo hace desde sí como principio. Él es el principio de su conocimiento, el ser solo y original.

El idealismo naciente irá pidiendo un nuevo tipo de vida: el vivir desde esta originalidad del conocimiento, vivir por y en el conocimiento, como si el conocer fuese enteramente, y sin más, existir. No ya la forma más alta de existir, la vida bañada de transparencia, sino al revés, la transparencia del conocer subsistiendo. Vivir para un idealista será idea subsistente. El conocimiento se basta a sí mismo. Luego vendrá en seguida «lo absoluto».

De otro lado, lo que en el hombre no es conocimiento quedaba vivo a pesar de todo y más oscuro que nunca, pues que no tenía ya acceso al conocimiento ni apenas derecho a vivir, pero seguía vivo. La originalidad del corazón, la originalidad del individuo, bien pronto se haría visible de modo análogo al de la mente. El individuo, en sus pobres y oscuras entrañas, sus misteriosos cuartos, abandonados cuando más llenos, se manifestarán en su originalidad; originalidad que vale tanto como espontaneidad, pues las dos cosas se identificaron. Lo espontáneo, las entrañas dolidas y abotargadas, la vida en su dispersión y oscuridad, fue lo original, es decir, el *ser*, la realidad válida, la que en su supremacía no necesita transformarse, tan sólo rebelarse, manifestarse, reclamar sus derechos.

Ineludiblemente tenía que aparecer la nueva confesión. No podía tardar más tiempo cuando Juan Jacobo, con su terrible inocencia, la realiza. Quizá otros más cautos sintieron el roce de la necesidad y no se plegaron a ella, pues Juan Jacobo parece como si cediera en su jactancia. La originalidad del hombre en su espontaneidad pide ser revelada. La originalidad de este mundo en sombra, de los «abismos del corazón».

Al idealismo, en su marcha resplandeciente, seguirá paralelo este afán cada vez más frenético de buscar la originalidad del mundo interior. Explorar la soledad de cada hombre como una mina de realidad inagotable. Por un lado, la Idea en marcha; de otro, la realidad única e inagotable de estos abismos alucinatorios.

Juan Jacobo

Y así nació la nueva confesión del hombre nuevo. En su espejo verídico nos trae su imagen. Y como, según se verá, él nada gana con ello, parece un acto de humildad, casi de abnegación. Es el antecedente de los que se ofrecen en holocausto del conocimiento. Un alma arrojada a la voracidad de los hombres, a la curiosidad, a la malevolencia, inclusive, de las miradas crueles de los hombres. No le importa; quiere ser contemplado.

El gesto es el del amor. Ofrece su alma, casi su cuerpo; parece que quiere ser devorado, consumido por los demás. «Aquel amor tan derecho / y querencias tan extrañas / sin temor / del ave que rompe el pecho / y da a comer sus entrañas / por amor», que dice la poesía más sabia de esta dolencia. Pues sale de sí sin un temor, rasgando su pecho hasta no dejar rincón secreto. Y con infatigable querencia rebana sus entrañas, de tal manera que, aunque horroricen, no se pueden rehusar.

Mas ¿qué le mueve? Ser visto. ¿Acaso ya tiene una imagen de sí? Quiere, al ser mirado, ser comprendido por los hombres todos que en vida le malquisieron.

Historia y confesión

El supuesto «el corazón tiene historia» es el que ha permitido el desarrollo espléndido de la novela moderna. Es el supuesto, uno de los supuestos del Romanticismo. Al Idealismo romántico alemán, que aspira y se funde al par en este momento de la identidad, ya sea del Yo, ya sea del Espíritu Absoluto, sigue paralela la historia del corazón, que se aleja por ella de su unidad. La identidad del espíritu no le incluye; y la humana existencia, como vio Kierkegaard en su angustia, queda al margen. La angustia es la pureza del corazón, la única pureza posible a la que puede arribarse si no se quiere tener historia.

Y así el romanticismo, incesantemente y con esa terrible inocencia que le caracteriza, hará confesiones en forma de historia, haciendo de la historia una confesión, sin creer o habiendo olvidado, y aun haciendo lo posible para olvidarse, que la historia del corazón no es sino el medio para que la confesión se realice. Pero tal olvido es consecuencia de lo que se cree: que la realidad la constituye la historia del corazón. Porque –y es lo que más cuenta– ya no se hace del corazón un medio. A la identidad del espíritu absoluto, el corazón contesta con su originalidad independiente. El corazón se declara en rebeldía y aspira a vivir por su cuenta; no se cree espejo, no aspira a servir a nada y ni quiere saber de la cruenta transformación por la cual los místicos cumplían la liberación suprema del corazón, aniquilándolo.

Y sin embargo –y esto es el ápice de todas las cosas graves que en el romanticismo suceden–, no han olvidado aquello que los místicos tienen por gracia y logro a la vez: el éxtasis. Lejos de haberlo olvidado, está presente siempre en estas confesiones, como secreta aspiración inconfesable. Porque en el éxtasis se encuentra la libertad de la historia y sus sucesos; porque se presiente algo, un lugar, un cierto lugar donde se cumpla lo que el narrador persigue, salir de su propia historia, que es salir de su tiempo. Pero tal cosa no ocurre, al parecer, en Rousseau, sino mucho más adelante y después de lo que él significa.

No persigue Juan Jacobo escapar del tiempo, pues apenas tiene su percepción; no ha llegado a su pura percepción. Se lo impide la propia obra de su yo, pues que vive siempre como por encima de sí mismo, escapando de todo lo que es postrimería; él, tan extremista y extremoso, patrón del alma extremista moderna, no se aventura jamás hasta los verdaderos sitios extremos.

Mas ¿quién en verdad se lo impide, a él, tan bien dotado por su vivísima sensibilidad, cuyo lote constituye la mayor parte de su genio? Se lo impide una doble creencia, una creencia doble o dos creencias que, lejos de fundirse una en otra, se entremezclan de modo bastante confuso; la creencia señalada (que aunque agudiza no inventa) de que la realidad del corazón es su historia, y otra cuyo descubrimiento le embriaga de entusiasmo y que constituye su tesoro, su gran originalidad: la creencia en la naturalidad del ser humano.

Un corazón natural

Porque Rousseau entra en su corazón y se pierde en él como en un jardín. Es la vuelta al jardín prohibido, la reconquista del Paraíso. Es lo que él hace en realidad. El compromiso estriba en esta acción suya, arrastrado por su nostalgia –lo más verdadero de su vida–; y sus creencias, su doble creencia en la historia y en la naturalidad, es su teoría original de que el hombre nace libre y donde quiera se encuentra encadenado. Es su teoría acerca del hombre la más curiosa y reveladora quizá de cuantas hayan alcanzado vigencia en nuestra cultura de Occidente.

Y es que las dos creencias, la de que el corazón tiene historia y consiste en su historia, y la del corazón natural, son una sola en su fondo, la doctrina de la originalidad del corazón que produce una vida, un género de vida, el que menos tal vez se pudiera imaginar, la vida literaria o el vivir en literatura, el vivir en situaciones imaginarias, como en un «a priori» del corazón o del amor, que más tarde se llamará romanticismo, y que será el verdadero contenido de lo que rodando de mente en mente, hasta adulterarse en caricatura, se dirá de un hombre cuando se dice de él que es un «idealista». Es la vida del corazón independiente de todo objeto como si él quisiera mostrar su independencia o más bien como si, no hallando lugar apropiado que lo contenga, siguiera por sí mismo, fantasma de sí, su propia vida, su pasión.

Y el corazón en su pasión será a la vez pasivo y original. Pasivo al ser original porque cuanto más se ahínque en ella o cuanto más abandonado se encuentre, más reducido se verá a aquello que es su dote, a su única propiedad: la pasividad. Comenzará la equívoca vida del corazón independiente, que no sabemos si rebelde o desamparado prosigue desde sí la vida de su avidez. Vida pasiva que se alza en soledad, desprendida de todo objeto, pues a imagen y semejanza del yo, o confundiéndose con él, se ha erigido en principio. Ahora tenderá inevitablemente a un objeto, pues es su condición ineludible, pero lo hará sabiendo o creyendo saber que él lo mantiene, que el ídolo adorado vive a sus expensas. Y así el objeto viene a decaer en la más mísera condición, quedando al descubierto todo lo que a la actividad del corazón le debe, vuelto más hacia el amor que hacia el objeto en que se deposita; en realidad, vuelto hacia sí mismo, recreándose en su propia actividad, pues como parece imposible que el corazón actúe de manera distinta que como espejo, se refleja a sí mismo, devolviéndose su propia figura, gozándose en su imagen.

Rousseau nos revela este funcionamiento, que no podía por menos de expresarse por dos motivos: porque la característica de esta vida del corazón va a ser la expresión, vida a la que la expresión hace real y que en la expresión se cumple como si ella fuese su término. Y todavía más, porque siendo el primero en sentirlo, no podía por menos que apresurarse a comunicar al mundo todo tan grata nueva. Y justo es decir que lo hace con prodigiosa justeza, con una pasión que por lo transparente parece fría. Es el célebre pasaje en que cuenta el nacimiento de su amor por Madame de Houdetot; sin duda ya clásico para siempre en la historia del amor, más clásico aún en la historia de los corazones que se gozan en su historia, que hacen de sus pasiones su vida verdadera. Al amor experimentado por la mujer real antecede un estado de amor inventado, de embriaguez que se alimenta de sí misma, y a este «estado del alma» un momento crítico, crítico entre todos, un instante de reflexión sobre su vida, del que va a arrancar el imaginario amor, después el amor real y después el enredo en que va a caer prisionero, la larga cadena de equívocos, donde se fijará ya para siempre la figura de su vida. Figura nueva, y que será como el arquetipo del hombre moderno: oscilante, doble o más bien múltiple, con varios rostros posibles, ninguno completo. Alguien que vive envuelto, apresado por categorías ambivalentes en pleno equívoco: víctima y actor, perseguido y perseguidor, enamorado y narcisista.

El paraíso artificial

Lo que ha comenzado en verdad tras de las confesiones de Rousseau, por esta vida solitaria de un corazón que se recrea en su historia, es la vida literaria, el vivir en parajes imaginarios; la vida imaginaria, su punto de partida. El nudo del drama está en el episodio señalado, en su amor novelesco por Madame de Houdetot, a quien en otro momento de su vida apenas hubiese dispensado atención alguna. Es decir, la atención refleja de la atención de ella, como ha sido regla en sus relaciones humanas. Es de los raros casos en que su corazón se excede, pero este exceso es justamente el amor.

Es el punto culminante de una vida que ha llegado a su centro. Rousseau ha vivido también, derramado entre los acontecimientos de su vida. Su juventud ha pasado ya, feliz casi. Es al menos el recuerdo que deja de sus viajes, de su vagabundeo más bien; entre la naturaleza se siente sumido en esa unidad feliz, en un «éxtasis» continuo... Después, cuando llegaron las responsabilidades de la vida, las eludió. ¿Cómo podría explicarse de otra manera su frío desprendimiento de los hijos, en él, que tanto se ocupó de la infancia?... Una cosa es pensar en la infancia; otra aceptar, abrir hueco en su vida vagabunda a unos niños determinados, reales, con un ser propio y unas necesidades efectivas; suponía bajar a la tierra, entrar en la vida real, someterse. La vida social, con sus compromisos, quedará también eludida y de ella se irán extrayendo como un dulce licor las relaciones personales, es decir, la vida a la par novelesca e íntima.

Y, sin embargo, es en este instante de su vida, año de mil setecientos cincuenta y seis y «en la más bella estación del año». Juan Jacobo contaba cuarenta y cuatro años; diríase que por vez primera se encuentra a solas consigo mismo y siente, precisamente en la holgada paz de sus días, en la felicidad, la insatisfacción, la presencia de lo que no había podido hallar. Dice así el pasaje ya clásico:

El recuerdo de las diversas épocas de mi vida me llevó a reflexionar sobre el punto a que había llegado, y víme en el ocaso de la vida, presa de agudos males, y creyéndome próximo al fin de mi carrera, sin haber gozado plenamente de casi ninguno de los placeres que mi corazón anhelaba, sin haber dado libre vuelo a los sentimientos vehementes que en su fondo se escondían, sin haber saboreado, ni haber probado siquiera, esa voluptuosidad embriagadora que sentía vigorosa en mi alma, y que, por falta de objeto, se hallaba en ella comprimida siempre sin poder exhalarse más que con suspiros.

Insatisfacción en que es sentido el anhelo del propio ser al par que la carencia de objeto en que verterse. Como en san Agustín, es la falta, la ausencia, revelación primera. Incapaz, sin duda, de esa castidad del corazón que le hace ayunar cuando no encuentra el objeto adecuado, se lanzó en seguida a conseguirlo. Se embriagó de sí mismo, según nos cuenta. La evocación de los fantasmas de su juventud sólo sirvió de excitante para la embriaguez de que se vio poseído, con lucidez suficiente para percibir el poco espacio que le separaba del ridículo. El objeto de este estado amoroso no puede haber llegado a mayor decadencia: no es objeto, es simple excitante y el anhelo no se dirige hacia él como su término, sino que, pasando a su través, recae sobre sí mismo. Es dentro del mismo Juan Jacobo, dentro de su turbulenta alma, donde se verifica el goce de tal amor; es él quien, en los efectos fantasmagóricos, se recrea sin pretender salir de tan hermético recinto. Y los fantasmas, como es natural, no oponen resistencia a esa función; su misma naturaleza consiste en ser disuelta, en asimilarse en cualquier substancia productora de espejismos. Mas, por lo mismo, su materia pronto queda agotada, pues a medida que es menor la realidad objetiva del objeto amoroso, es menos apto para sostenerlo, por su misma condición corruptible. Y así se verá obligado a substituir los fantasmas del recuerdo con fantasmas de su imaginación:

Qué hice en esta ocasión? Por poco que el lector me haya conocido, lo habrá adivinado. La imposibilidad de alcanzar los objetos reales me lanzó al país de las quimeras; y no viendo nada real que satisficiese mi delirio, lo distraje con un mundo ideal que mi imaginación creadora pobló en breve de seres conformes con las aspiraciones de mi corazón. Jamás vino tan a propósito este recurso ni resultó tan fecundo. En mis continuos éxtasis me embriagaba a más no poder con los sentimientos más dulces que jamás hayan entrado en el corazón del hombre. Olvidando completamente la raza humana, formé criaturas y sociedades perfectas, tan celestiales por sus virtudes como por su belleza, amigos seguros, tiernos, fieles, tales como jamás los hallaré aquí abajo. De tal modo me aficioné a sentarme así en el empíreo, en medio de los hermosos seres que allí me rodeaban, que así pasaba las horas y los días olvidado de todo; y, perdiendo el recuerdo de cualquier otra cosa, apenas había tomado aprisa un bocado, cuando ya me desazonaba el prurito de correr a esconderme en mis bosquecillos. Cuando, en el momento de partir para el mundo encantado, llegaba algún desdichado mortal que venía a retenerme sobre la tierra, no podría moderar ni ocultar mi despecho; y no siendo dueño de mí, le recibía tan bruscamente, que podía llamarse una brutal acogida. Esto hizo que se confirmase mi reputación de misántropo, de suerte que fue debida a lo mismo que hubiera contribuido a proporcionarme una enteramente opuesta, si hubiesen conocido mejor mi corazón.

La naturaleza, sirviendo de excitante a una invención de una sociedad imaginaria. Tal parece ser el resultado efectivo de la vida natural de Rousseau. Parece imposible que no llegase a caer en la cuenta de la suerte que corrió su idea central del hombre como ser natural. ¿Qué clase de naturalidad es esta que para sostenerse en medio de la naturaleza más bella ha de apelar a los inventos de la mente? Vida novelesca, imagen del paraíso perdido, nostalgia terrible de una vida donde la realidad responda exactamente al deseo, de una vida en que el anhelo no pudiera mostrarse por encajarse no más en su objeto a la perfección; una vida en que la realidad no fuese la contrapartida obstinada de nuestro sueño, es decir, de una vida sin realidad y, por tanto, también sin yo. «Éxtasis» continuos y embriagadores producidos por el exceso de su propio corazón, que en su frenesí llegaba a alimentarse de sí mismo, tomando como objeto el diseño de su nostalgia.

Nace la vida novelesca, el vivir literario. Vida que en su propia expresión halla su objeto. «El ave que rasga el pecho / y da a comer sus entrañas por amor» de la poesía medieval se ha tornado en el ave que se alimenta de sus propias entrañas. Pronto se formará ese dulce filtro que será la literatura de semiconfesión, poesía literaturizada, poesía novelesca, historiada, en que la secreta vida del corazón se ofrece para ser bebida, consumida por una avidez cada vez mayor. Será el Romanticismo. Pero, mientras esta forma de confesión no sea sustituida por otra, la literatura vivirá, seguirá viviendo del romanticismo, seguirá siendo la búsqueda, cada vez más exasperada, de un paraíso artificial.

La poesía «pura» afirmará audazmente la independencia de este recinto. Hay más cosas en su intento, naturalmente, pero habrá también esta afirmación agresiva, en defensa del jardín interior, de la naturaleza encantada donde todo posible es sin más real. Es el derecho a la evasión suprema, a la huida de todas las contradicciones de la existencia, al olvido de todo para llegar al éxtasis.

Éxtasis que es la imagen confusa, el espejismo más bien, del encuentro con ese centro de identidad, donde el tiempo no transcurre y donde la vida ha abandonado, recogiéndose, su dispersión. Centro del alma, como dicen los místicos, es el punto no asimilable a nada, a ninguna cosa ni suceso, libre del tiempo, del que la vida parece tener indeclinable necesidad, centro que con su íntima, indisoluble unidad, liberta al corazón. De la confesión de Rousseau partirán, como en dos caminos, a la busca de este éxtasis –el literario–, las historias del corazón que rara vez lo alcanzan, las historias del corazón o los corazones con historia que en la vida real producen la emanación de esos personajes donde han querido encapsularse tantas almas ávidas de alcanzar su centro último. Y el otro camino, el de la poesía, más puro, más exigente, más próximo a esa disciplina íntima en que la vida anímica alcanza su trasmutación. La poesía consume el espejismo de lo psíquico y roza muchas veces ese tiempo puro, objeto perseguido de toda confesión explícita o velada.

Baudelaire y Rimbaud, con sus paraísos e infiernos artificiales, son hijos de este «corazón natural», extremistas de su intento. Sus polos eran la desesperación y la felicidad; vivir era tan sólo sentirse arrebatar por la una o por la otra, hundirse en el abismo de las dos, en verdad un solo abismo. Exceso del corazón y embriaguez del espíritu tan parecidos a la fe, una fe desesperada que los lanza hacia cualquier infierno, de cuya boca jamás retrocede.

«He llegado a encontrar sagrado el desorden de mi espíritu», dice Rimbaud. A falta del orden sagrado, el sagrado desorden. Es la confesión, que es ya un grito que explica y sitúa a tanto delirio moderno de la palabra y de la acción. El perpetuo adolescente, que antes que a la madurez, alcanzará a la muerte, pues se destruirá a sí mismo por su prisa, por su vehemencia. La imagen de un ángel, de la unidad perfecta, de la perfecta transparencia, se ha hecho visible en demasía y su vista cercana no deja tiempo para esa transformación de la vida que sólo toca el vivir un instante fuera del tiempo, a cambio de apurar su tiempo gota a gota. La precipitación y el arrebato, la creación precipitada con la esperanza de que el momento de éxtasis poético libre a la vida de su peso, nos libre del oficio de ser hombres.

Imposible, creo, no ver que el último gran movimiento poético de nuestros días, el surrealismo, tiene mucho de confesión; confesión más clara que otras de nuestra época, en que lo literario una vez más llena precipitadamente el hueco de la verdad última buscada, del objeto requerido por el corazón para su alimento real. Su intento, sin embargo, ha aparecido definido con una claridad extraordinaria, con una lucidez digna de su antecesor Rimbaud y de su también antecesor, aunque rechazado, Baudelaire; su nitidez merece y requiere una consideración aparte.

El surrealismo

«Todo lleva a creer que existe un cierto punto donde la vida y la muerte, lo real y lo imaginario, lo comunicable y lo incomunicable, lo alto y lo bajo cesan de ser percibidos contradictoriamente. Y es en vano que se busque a la actividad surrealista otro móvil que la esperanza de encontrar ese punto», ha dicho André Breton en el *Segundo Manifiesto del Surrealismo*.

Este declarado propósito emparenta de forma muy íntima el surrealismo con la confesión. Su carácter de rebeldía, de rebeldía poética, sin mezcla con luchas sociales, lo afirma aún más. El surrealismo va en busca de este centro de identidad que está en el hombre y no es facultad o potencia, según se diría antes, un «acto psíquico» en términos coetáneos del surrealismo. El yo cartesiano es la unidad originaria, radical; mas desde el solo ser se encuentran las cosas de la conciencia. Y esta concepción de la unidad del ser humano, de la criatura hombre, ha sido la causante de todas las rebeldías, rebeldías cada vez más violentas. *Las Confesiones,* las que llevan su nombre, como las de Rousseau, y las que no lo llevan, por ser literatura o poesía y aun filosofía que quieren lograr lo que ella, tomarán su nacimiento de una protesta contra ese yo original, sabiéndolo o no. Y así al punto de partida inicial se unirá, entremezclado a veces en forma muy confusa, esta protesta; nacerá como «anti» y ofuscándose a veces creerá que ese «anti» es su única razón de ser y se perderán, como en el caso del psicoanálisis, por su oposición al yo cartesiano. El surrealismo, de raíz poética, tiene mayor lucidez y a pesar de su agresividad, menos violencia; el no ser un método científico como el psicoanálisis le hace ser más verídica confesión en lo que tiene no de método –escritura automática– sino de búsqueda, de avidez, de intención y sobre todo en el objeto que supone, ese centro nombrado en las líneas transcritas.

El yo cartesiano excluía tanto el alma, ese lugar donde se encuentran todas las cosas, sede de la intimidad y de la familiaridad con el universo, como también ese género de unidad superior, ese centro interior que san Agustín descubre y que Plotino –con las diferencias que quedaron dichas– pasará. Es también el Yo trascendental que vuelve a descubrir el idealismo alemán, la identidad única del sujeto del conocimiento que pone el pensar; con el ser, pues, unidad él mismo, pone la unidad del objeto. Pero esta identidad pura que el idealismo restaura redescubriéndolo queda como el alma de Plotino para aquellos que se decidieron a ser filósofos; es un bien de la filosofía que ni en un caso ni en otro –ni en Plotino ni en el idealismo– trasciende a los hombres no filósofos. Y los dos, aun siendo principio de vida y aun lo único vivo, quedan fuera de la vida del hombre individual, exigen su conversión violenta. El centro a que alude, suponiéndolo de antemano, el surrealismo es sin duda el de toda poesía. Es el centro creador, desde donde los contrarios cesan de ser percibidos como contrarios, porque todo se percibiría si a él pudiésemos llegar en estado naciente. «Una creación naciente y sin memoria», que un poeta nada surrealista, Charles Péguy, ha dicho. Un punto más allá de toda contradicción, punto de pura identidad donde el pensar es creador, es decir poético. Y anulará «ese divorcio deprimente entre la realidad y el sueño» (Bretón: *Manifiesto* citado).

Pero el surrealismo, a pesar de su carácter poético, no podía por menos de estar contagiado con las creencias más extendidas del momento en que nació, la creencia en que lo psíquico es la realidad humana, y así los surrealistas se dedicaron a buscar ese centro, esa actividad originaria, por el camino de la psique. En este punto su error se toca con el error del psicoanálisis; los dos acuden a lo que en la psique no es de nadie, a lo que está fuera, al parecer, del sujeto consciente, del dueño que se llama «yo». Y qué curioso resulta cómo ha solido encontrar materiales de estrecha analogía, materiales que son eso: materia, restos, sustratos de la vida vivida, de lo experimentado, y que a veces toman esa curiosa forma de memoria que ha llevado a Jung a pensar en un subconsciente colectivo. Han recaído en lo impersonal simplemente, en algo que es lo contrario de la unidad buscada, de esa coincidencia consigo mismo que alguna vez a lo menos estamos necesitados de saborear.

El surrealismo valdrá siempre más por lo que ha buscado que por sus logros; por el programa, más que por la realización. Y, rasgo común con lo mejor de la literatura coetánea, más como testimonio que por la obra lograda. De entre tantos testimonios literarios del momento, es el más lúcido, el que sabe con mayor claridad lo que persigue. Paradójicamente, goza de un exceso de conciencia, cosa que pone de relieve su carácter de método, de confesión. El testimonio lo es muchas veces a pesar suyo, padece por aquello que testifica. Así cierta literatura rota, dislocada, esencialmente frustrada en su posibilidad por la superficialidad personal, esclava de los actos psíquicos que refleja, sin rescatar la unidad perdida bajo ellos.

Se trata de una unidad al par humana y productora de la obra de arte. Sin duda es lo que se quiere manifestar con esos gritos esporádicos de la vuelta a un «arte humano». La humanidad del arte no puede ser otra que la unidad última del origen, en ese centro interior y último; el que la creación que la obra de arte nos presenta haya brotado de ese íntimo centro activo, de esa unidad viva y actuante. Y ha habido obras de arte que no han sido sino el camino para hallarlo, como la de un Proust. Otra «humanidad» del arte será siempre ficticia, impostura o tosquedad; falsía radical, más falsa cuanto más «realista». El arte nacido de tal íntima interioridad encontrará el cauce de su legítima independencia, al no pretender suplantar a la vida real. Y el vivir literariamente, la falsificación literaria de la vida, se hará imposible; arte y vida real se complementan, pues si el arte existe, es porque él nos proporciona algo que las horas cotidianas no nos dan, es porque ofrece lo que el tiempo de realidad nos niega, es porque la vida lo necesita como agente de una acción que sin él no podría realizar. Entre tantas cosas que los europeos modernos hemos olvidado, se cuenta la función medicinal del arte, su poder de curación casi mágico, su taumaturgia legítima.

Y si el hallazgo de ese íntimo centro que la confesión descubre borra la tergiversación del arte humano y realista, también aniquila la otra gran confusión moderna, la del naturalismo, con que en parte se le confunde, habiéndole precedido, y que es su antecedente inmediato. Mas, en realidad, «realismo», «humanismo» y «naturalismo» no son sino las desviaciones que el arte sufre cuando nace de un yo superficial, desviación que toma el nombre de la urgencia mayor del momento en que se produce, pero cuya existencia cabría hacer constar en toda época en que la unidad del hombre se ha perdido o está demasiado encubierta.

La cuestión que envuelve el naturalismo es de las más profundas sin duda, pues reside en la oposición que más afecta al arte, entre todas las que enuncia André Breton, lo «comunicable y lo incomunicable». Entre todas las cuestiones que afectan al arte ésta es sin duda la mayor, pues que arte es ante todo una manifestación, una expresión; se trata de lo que se expresa y de la forma de expresión. Parece haberse olvidado que todo lo que el arte maneja, conceptos o personajes, formas o anhelos, constituye una multiplicidad posible por la unidad en que reposa. Artista es aquel que puede descender hasta tal profundidad de sí mismo donde encuentra unas visiones que al par son acciones; el arte verdadero disipa la contradicción entre acción y contemplación, pues es una contemplación activa o una actividad contemplativa, una contemplación que engendra una obra, de la que se desprende un producto. Por eso anula a la par la diferencia entre lo real y lo imaginario, entre lo natural y lo fingido. Hay un [fragmento] de un libro sagrado de China, en que este prodigio está señalado de la manera más nítida y humilde, como el agua. En el *Zhuang-Zi* leemos la admirativa pregunta dirigida a un artesano por la ejecución perfecta de un campanario de madera, y él responde:

Yo soy un artesano y no tengo secreto alguno. Pero sin embargo hay una cosa en que consiste mi obra. Cuando me disponía a hacer el campanario me guardé muy bien de derrochar mis energías. Ayuné para aquietar mi corazón. Después de haber ayunado varios días ya no osaba pensar ni en la ganancia ni en los honores; después de cinco días de ayuno, ya no osaba pensar ni en las alabanzas ni en los reproches, ni en la habilidad, ni en la ineptitud; después de siete días de ayuno me había ya olvidado de mi cuerpo y de todos mis miembros. En aquella época ya no pensaba tampoco en la Corte de vuestra Alteza. De este modo me recogí en mi arte y todos los ruidos del mundo exterior desaparecieron para mí. Fuíme después al bosque a contemplar los árboles en su natural crecimiento. Una vez que tuve el verdadero árbol ante mi vista, me encontré con el campanario terminado, de suerte que no tuve más que echar mano de él. Si no hubiera encontrado el árbol hubiera abandonado mi empeño. Pero por haber hecho actuar mi naturaleza conjuntamente con la naturaleza del material es por lo que las gentes dicen que es una obra divina.

Los hombres subterráneos

Mas, la soledad del yo cartesiano, al hacerse vigente en la vida, al encarnarse en la creencia que el hombre europeo culto tenía de su propia realidad, siguió otros caminos; uno que viene a parar en ese personaje encarnado por algunos hombres geniales y que podemos llamar el «hombre subterráneo». La originalidad era su maldición y su única dote; seres de tragedia, pues la creencia en el yo les hacía imposible el encuentro de ese íntimo reposo que, aunque sólo sea en fugitivos instantes, es indispensable, sobre todo cuando se está lanzado frenéticamente a un intento de existencia individual. Cuanto más original sea la existencia del individuo más necesidad ineludible tendrá de ese centro de quietud, de confianza y de reposo. Esta soledad inmensa se convierte en inmensa carga cuando no está contrapesada por esa íntima apertura. Y acaba por ser soledad sin espacio interior, la peor de las tragedias en que el individuo perece por asfixia. Falto de espacio, de anchurosidad donde moverse y reposar, es lo que se nos figura la verdadera condición de vida de este tipo de hombre oprimido por la dote terrible de su yo original y originario. Llegan a ser suicidas por su anhelo de existir. Es un tipo de hombre que se ha dado en la vida europea en distintas formas de vida; los hay poetas, filósofos, y, sobre todo, esos desconocidos, seres sin nombre que murieron sin lograr su ser aún;

son esos conatos de ser, que han poblado más de lo creíble la vida europea desde la segunda mitad del diecinueve muy especialmente. Larvas, conatos, seres muertos en su crecimiento, como incapaces de soportar una de las transformaciones que la vida exige para llegar a su fin.

Un poeta –surrealista– piadosamente los ha recordado en la figura de tres poetas. Dice Paul Éluard:

> Si Lautréamont, Baudelaire y Rimbaud parecían llenos de remordimientos, es porque su soledad era ilimitada. Ellos sueñan con hijos, con hermanos, y vienen a creerse muertos entre los muertos; de ahí su excepcional facultad de aniquilarse.

La verdad es que éstos no son el «hombre subterráneo», que vendrá después, sino algo menos activo y más lleno de dulzura; son versiones de un personaje de tragedia griega, de Antígona, la enterrada en vida. Son muertos vivos, enterrados en una sepultura, que, invisible, los aísla de los vivientes. El «poeta solitario» ha llegado a hacerse tan familiar a los europeos de última hora que se ha llegado a creer que siempre haya sido así. Sin embargo, siglos enteros nos han presentado la imagen de un poeta en íntima comunicación con su mundo y siendo como el alma de él, soplo de gracia vivificante que aligera las horas, la gravedad de la vida, el peso de las horas.

Muertos en vida que exhalan gemidos, gritos desde el fondo de su sepulcro, que es su infierno, sus palabras suenan siempre, son gritos desde el fondo, llamadas de auxilio en una época muy poco piadosa, cada vez menos, con los muertos de verdad que al fin ya no gritan. De ahí que su poesía sea acogida con tan fervorosa piedad por algunos que vienen a formar algo así como una liga o cofradía, como esas que se forman de un culto a un desaparecido, a algo o alguien, en suma, que nos necesita para subsistir. Y de ahí también que sus palabras, gritos desde el fondo del infierno, tengan mucho de confesión a la desesperada y en sus adeptos actúe de manera parecida a una confesión. Pues al fin una de las funciones de la confesión es abrir sitio para una realidad que corre riesgo de asfixiarse. El pensamiento abre lugar a ciertas realidades, librándolas de su contradicción, mostrando su objetividad. La confesión conquista este lugar para las realidades íntimas no reductibles a objeto, realidades que necesitan de un respaldo vivo, de una existencia singular que las sostenga, pues ellas no quieren ser transformadas en objeto. Son las entrañas que quieren vivir como tales entrañas. El corazón que aspira a la vida que le corresponde como tal, corazón que no quiere ser trasmutado en objeto de condición distinta, ser asimilado por la razón, por ejemplo, o disuelto por ella.

La tragedia de estas criaturas es en definitiva la de su falta de espacio interior. Si miramos de cerca, lo primero que sentimos es lo lleno en demasía que está; mundo apretado, poblado de cosas, personajes en embrión, esperanzas y nostalgias, esbozos y proyectos, huellas y presentimientos de realidad sin nombre, mundo que linda o que está dentro de lo inefable y que no por ser inefable es menos real. Que no tengan espacio significa simplemente no la falta de lugar a la manera física, sino la falta de lugar adecuado; criaturas demasiado llenas de realidad y de realidades en un mundo que les ha inculcado una creencia que no les permite acogerlas. Son las víctimas, presas de alucinación y del delirio constante, acosadas de remordimientos por delitos que no han cometido ni podrían cometer; poseídas del vértigo de su infinitud, embriagadas de la posibilidad.

La soledad, esa del yo sin espacio, está poblada de personajes, de conatos de ser dentro de un individuo. Multiplicidad abigarrada de seres sin rostro ni nombre, rencorosos de su existencia a medias; tal parece ser el infierno, el infierno que Rimbaud transcribió con audacia genial y que no fue su exclusivo privilegio.

De haberse logrado la confesión que presentían, el nudo terrible se hubiese desatado, la salida del infierno hubiese suavemente cedido. El espacio interior hubiera aparecido con sus lugares secretos y adecuados a todo lo que revuelto y asfixiado agonizaba. No es solamente ese centro de intimidad sino lo que por su virtud sobreviene: la intimidad con los seres y las cosas todas; la intimidad consigo mismo. Antes, antes de que el yo cartesiano la barriera, había algo llamado alma, que nos imaginamos ahora como este espacio interior, como este reino de cada uno, tesoro donde se guardan las ocultas e imprevisibles posibilidades de cada cual, su secreto reino. Este espacio fue borrado y en su lugar aparecieron los «hechos psíquicos» o los «actos de conciencia». Toda realidad, cualquiera que fuese su manera de ser, tenía que estar fundada y legitimada en un acto de conciencia, aún lo ha de estar. Es lo legítimo, lo existente, lo real. Es el psicologismo consecutivo al cartesianismo. Mientras del alma antigua, aun en filosofía tan racionalista, tan ajena a cualquier clase de misticismo, como la de Aristóteles, se decía que «el alma es como una mano» y también «el alma es, en cierto modo, todas las cosas». Algo, especie de lugar, de sede o de potencia, que alcanza contacto con todo, y por ello sede de la intimidad, de eso que precede al conocimiento y que solemos decir familiaridad con algo; lo que es contrario a la extrañeza, lo que nos permite orientarnos, y tener como una especie de instinto, un sentido para penetrar en cada cosa según su especie y modo de ser; destreza, sutileza, que sugiere, en efecto, la imagen de una mano tocando la realidad delicadamente, una mano de pulso infalible, maternal y viril a la vez, mano, pulso, tino, que ha mucho se ha perdido entre nosotros, los occidentales.

Y es lugar adecuado a cada cosa o conato de cosa, a todo eso que no tiene nombre y que proporciona formas de contacto distintas del conocimiento, que no pueden llamarse propiamente conocimiento, mas tan necesarias como él, y que en cierto modo son la madre del conocimiento. El conocimiento intelectual ha sido una función privilegiada; era natural que al ejercitarse se diese a conocer, se estableciese a sí mismo. Mas, existen otras formas de contacto, otras relaciones que no son conocimiento intelectual ni quizá puedan serlo nunca; tal, por ejemplo, la relación con los que han muerto y entre ellos con los propios antepasados; la presencia y relación legítima con seres de esta condición, con seres que no lo son en el mismo sentido que los que así se llaman propiamente, desde un lugar adecuado, apto para recibirlos. En realidad no es nada que tenga que ver con seres y cosas, sino una entrada en espacios que aparecen instantánea y suavemente; de manera que no se podría decir que así la religión, las religiones, sean algo más y diferente de los actos de conciencia en que se las ha querido fundar en los últimos tiempos, ni aunque estos actos sean de fe. Pues no es la creencia ni aun el amor, sino esos nudos que se desatan, y esos muros que sin ruido se derrumban y la anchurosidad que sobreviene. Y es la intimidad con todas las cosas, con las de todos los días, que no basta que sean de todos los días para tener con ellas intimidad. Es algo que no es conocimiento intelectual ni traducible en él, pero que lo antecede y sostiene y sin lo cual andará flotando por grande que sea su exactitud y claridad. Pues bien, pronto aparecerá la desconfianza, una desconfianza radical sobre el vacío de la intimidad perdida. La realidad de los objetos del conocimiento quedará puesta en cuestión de manera insoluble, siempre que no se trate de objetos de la mente, de los que agotan su ser en lo que de ellos es pensado. Va en ello la realidad de las cosas que el pensamiento conoce.

Pero a las cosas o acontecimientos no traducibles en razones, en aquella realidad que no muestra su faz a la inteligencia, les sucederá algo peor; andarán con realidad, pero sin sede dentro de nosotros; con ese género de realidad desdichada de los muertos vivos, de los que andan errantes sin encontrar lugar donde posarse, pues parece como si el alma fuese el lugar donde ciertas cosas se posen o como si ella misma, por su contextura, nos hubiese sido dada para esta función tan delicada por lo indefinible y por lo cual ha sido llamada sagrada; es indefinible y no puede ser tocada sin peligro. Peligro tanto mayor porque su extensión es imprevisible y cuyo origen no va a ser luego fácil de averiguar. La anulación de esa previa intimidad con la realidad, especialmente en las regiones no desveladas por el pensamiento –en las que no han alcanzado *ser*–, resultará gravísima, aunque no destruirá el pensamiento mismo. Lo en verdad grave serán esas invisibles enfermedades humanas, el delirio y el desvarío, la pesadilla en que la vida se convierte rodeada de esa realidad opaca, que arrojadas de su lugar adecuado aparecerán sin forma ni figura, o se irán dejando un extraño vacío. Nada, apenas nada sabemos de este mundo; es el mundo de la intimidad sin palabras, donde ha de reinar una oculta e insensible armonía, donde debe encontrarse la raíz de toda guerra, donde la paz no es cosa de pactos ni compromisos, pues no es cosa de derechos ni leyes, sino de una silenciosa armonía que, una vez destruida, es ingobernable tumulto, rebeldía sin término, discordia.

Es, sí, la discordia de los muertos vivos, su rencorosa presencia. Los vivientes, poetas como Baudelaire y Rimbaud, filósofos como Kierkegaard y Nietzsche, novelistas como Dostoievski, han sido atormentados infinitamente en su soledad poblada de fantasmas y se han liberado a medida que por su arte o su pensamiento les han abierto sitio. Ellos vivieron también, dada la época llena de impiedad que les tocó en suerte, de esa manera atormentada, como perseguidos por las furias de la antigua tragedia. Y se fueron liberando a medida que lograban la existencia para sus atormentadores, arrojando de sí la tragedia, conquistando una soledad diferente, una soledad desde la que brota la comunicación, soledad que lleva consigo una distancia y una entereza, que hace considerarse a Kierkegaard actor de «obras póstumas», como muerto vivo que es.

Las obras póstumas son ruinas, y las ruinas ofrecen el lugar de residencia más adecuado a los muertos de este mundo. Nosotros, muertos del mundo, debemos cultivar el arte de dar un carácter póstumo a lo que creamos; arte que consistirá en imitar el estilo de abandono, el estilo descuidado y fortuito; arte que consistirá en proporcionar un goce que nunca estará presente, pero que contendrá siempre un elemento del pasado.

Esta manera de vivir, considerándose a sí mismo como muerto vivo, como actor de obras póstumas, era la única solución, tal vez, para el hombre que había perdido el sitio de esas realidades que sin embargo le llenaban. Y era la manera de ir abriendo paso al que querían ser, a su unidad de seres humanos. Muertos vivos; hombres subterráneos cuya tarea agobiante es la de apropiarse una realidad extraña, extrayendo de ella su propio ser, pues lo que parece ser lo trágico de la tragedia es la falta de sujeto, de algo que quede exento y libre del destino o de las pasiones.

La confesión parece ser así un método para encontrar ese *quien,* sujeto a quien le pasan las cosas, y en tanto que sujeto, alguien que queda por encima, libre de lo que le pase. Nada de lo que le suceda puede anularle, aniquilarle, pues este género de realidad, una vez conseguida, parece invulnerable. Y el logro de este punto de invulnerabilidad tiene que ver no sólo con esa unidad pura, con el centro interior, sino también con este misterioso mundo que es preciso unificar, adentrándose en él, venciéndolo a fuerza de intimidad, sirviéndole en una esclavitud que va a dar la libertad. Quizá la Filosofía sola pudiese arreglar el conflicto si la falta de intimidad afectase únicamente a la realidad de las cosas. Mas, lo grave es ser un extraño para sí mismo, haber perdido o no haber llegado a poseer intimidad consigo mismo; andar enajenado, huésped extraño en la propia casa.

La inserción de ese centro interior, si de veras lo es, hace que ese mundo del desvarío cobre forma y se ordene, porque las entrañas doloridas y rencorosas al punto se hacen de alguien, de un ser que las recoge. Pero algo más; desde él les llega una luz, en la que se tornan visibles. Se hacen propias; el sujeto, que ya lo es, las posee, aunque sin nada que implique dominio violento, pues no obedecen de esa manera. Es una forma de posesión sin mandato ni mandado, porque se trata de unir lo que al unirse formará un solo ser.

La pavorosa faz de la actualidad ¿no nos presenta, sin duda, esta figura de un mundo sin sujeto, donde ha desaparecido el sujeto, donde el yo anda errante como rey sin súbditos ni territorio, donde no existe por parte alguna el alguien responsable, el alguien con identidad y figura propia? Mundo anterior al ser, en que lo psíquico tiene la existencia demoníaca de la multiplicidad inapresable y diluida; mundo de donde han huido las formas, quedando sólo el fantasma inasible y rencoroso; el fantasma y el vacío. ¿No estará necesitado de una verdadera e implacable confesión?

BIBLIOTECA DE AUTOR

3403722

ISBN 979-13-7009-118-7

PVP   A

María Zambrano explora la confesión no solo como una práctica religiosa, sino como un género literario y una herramienta filosófica que permite al individuo revelar su interioridad y alcanzar una comprensión más profunda de sí mismo. A través de un análisis que abarca desde san Agustín hasta Kierkegaard, la filósofa desentraña cómo la confesión ha sido utilizada a lo largo de la historia para expresar la verdad personal y universal. En la intersección entre literatura, filosofía y espiritualidad, *La confesión* ofrece una perspectiva única sobre la capacidad del lenguaje para revelar las profundidades del alma humana.

Prólogo
Victoria Clemente Legaz

Diseño Estrada

Alianza editorial
El libro de bolsillo

Alessandro Barbero

Alianza editorial

La guerra en Europa:
Del Renacimiento a Napoleón